Direito das famílias e sucessões:

conceitos fundamentais para a prática das resoluções consensuais de conflitos

Direito das famílias e sucessões:

conceitos fundamentais para a prática das resoluções consensuais de conflitos

Jennifer Manfrin
dos Santos

Rua Clara Vendramin, 58
Mossunguê . CEP 81200-170
Curitiba . PR . Brasil
Fone: (41) 2106-4170
www.intersaberes.com
editora@intersaberes.com

- Conselho editorial
Dr. Alexandre Coutinho Pagliarini
Drª. Elena Godoy
Dr. Neri dos Santos
Mª. Maria Lúcia Prado Sabatella

- Editora-chefe
Lindsay Azambuja

- Gerente editorial
Ariadne Nunes Wenger

- Assistente editorial
Daniela Viroli Pereira Pinto

- Preparação de originais
Letra & Língua Ltda.

- Edição de texto
Camila Rosa
Palavra do Editor

- Projeto gráfico
Raphael Bernadelli

- Capa
Sílvio Gabriel Spannenberg (*design*)
Pormezz/Shutterstock (imagem)

- Diagramação
Regiane Mores

- Equipe de *design*
Sílvio Gabriel Spannenberg

- Iconografia
Regina Claudia Cruz Prestes

Dados Internacionais de Catalogação na Publicação (CIP)
(Câmara Brasileira do Livro, SP, Brasil)

Santos, Jennifer Manfrin dos
  Direito das famílias e sucessões : conceitos fundamentais para a prática das resoluções consensuais de conflitos / Jennifer Manfrin dos Santos. -- Curitiba, PR : Editora Intersaberes, 2023.
  Bibliografia
  ISBN 978-85-227-0532-0

  1. Direito de família 2. Sucessão familiar I. Título.

23-151859   CDU-347.6(81)

Índices para catálogo sistemático:
1. Brasil : Direito de família e sucessões : Direito civil 347.6(81)
Eliane de Freitas Leite – Bibliotecária – CRB 8/8415

1ª edição, 2023.
Foi feito o depósito legal.
Informamos que é de inteira responsabilidade da autora a emissão de conceitos.
Nenhuma parte desta publicação poderá ser reproduzida por qualquer meio ou forma sem a prévia autorização da Editora InterSaberes.
A violação dos direitos autorais é crime estabelecido na Lei n. 9.610/1998 e punido pelo art. 184 do Código Penal.

prefácio 13

apresentação 15

como aproveitar ao máximo este livro 19

Capítulo 1 Apontamentos sobre a história das famílias - 23

1.1 Contexto geral da história das famílias - 24
1.2 Posição histórica das mulheres - 26
1.3 Endogamia - 28
1.4 Família tradicional - 29
1.5 A família no Brasil e o ordenamento jurídico - 31

Capítulo 2 Direito das famílias - 41

2.1 Direito das famílias contemporâneo - 47
2.2 Violência vivenciada pelas mulheres dentro das famílias - 62
2.3 Família e cultura - 67
2.4 Desafios do direito das famílias nos próximos anos - 68

Capítulo 3 **Princípios do direito das famílias - 77**

3.1 Princípio da dignidade da pessoa humana - 79
3.2 Princípio da solidariedade - 79
3.3 Princípio da igualdade - 80
3.4 Princípio da afetividade - 81
3.5 Princípio da convivência familiar - 81
3.6 Princípio do melhor interesse da criança e do adolescente - 82
3.7 Princípio da não intervenção - 82

Capítulo 4 **Casamento - 87**

4.1 Características do casamento - 90
4.2 Deveres do casamento - 94
4.3 Direito matrimonial - 97
4.4 Casamentos de estrangeiros no Brasil - 103
4.5 Casamento de brasileiros no exterior: casamento consular - 108
4.6 Casamento por procuração - 112

Capítulo 5 **União estável - 119**

5.1 Características da união estável - 123
5.2 Impedimentos - 125
5.3 Conversão da união estável em casamento - 128

Capítulo 6 **Regime de bens no casamento e na união estável - 135**

6.1 Comunhão parcial de bens - 137
6.2 Comunhão universal de bens - 139

6.3	Participação final nos aquestos - 141
6.4	Separação de bens - 142
6.5	Mudança do regime de bens - 143

Capítulo 7 — Divórcio e dissolução de união estável - 147

| 7.1 | Histórico do divórcio - 149 |
| 7.2 | Divórcio na atualidade - 150 |

Capítulo 8 — Filiação - 161

8.1	Proteção dos filhos - 164
8.2	Guarda - 166
8.3	Alimentos - 168
8.4	Poder familiar - 172
8.5	Adoção - 176

Capítulo 9 — Conflitos familiares - 187

9.1	Alimentos gravídicos - 189
9.2	Reconhecimento de paternidade - 190
9.3	Divórcio - 191
9.4	Guarda e alimentos - 192
9.5	Alienação parental - 194

Capítulo 10 — Direito das sucessões - 199

10.1	Herança - 205
10.2	Capacidade sucessória - 210
10.3	Sucessão legítima - 213
10.4	Excluídos da sucessão - 220
10.5	Cessão de direitos hereditários - 224

10.6 Testamento - 226
10.7 Legado - 231
10.8 Codicilo - 233
10.9 Inventário - 234

considerações finais 245

referências 249

respostas 255

sobre a autora 261

*Como não poderia deixar de ser,
dedico esta obra a Deus e
à minha família, especialmente
aos meus pais, Juracir e Ivonete
(*in memoriam*), aos meus irmãos,
Juliano e Tatiele, aos meus filhos de
quatro patas, Thor e Pudim, e aos
meus amigos e apoiadores diários.*

Agradeço imensamente ao professor Silvano Alcantara, que foi a primeira pessoa a me dar uma oportunidade neste mundo acadêmico tão concorrido, e à professora Daniele Assad Gonçalves, pela indicação para a elaboração desta obra. Agradeço também aos colaboradores da Editora InterSaberes, pela imensa paciência e cortesia com que sempre me atenderam.

Este livro analisa, com pedagogia e maestria, uma das instituições sociais mais antigas e importantes: a família.

O histórico e a origem das famílias na sociedade são explicados de maneira surpreendente. Exemplo disso é o termo *ginecocracia*, que significa "predominância da figura feminina". Explica-se que a mulher foi hierarquicamente superior nas famílias da Antiguidade, algo totalmente discrepante da atualidade e que caminha a passos curtos para uma possível mudança cultural.

A era em que vivemos, da modernidade líquida, é especialmente observada, com foco em um conceito imprescindível para o direito e as ciências sociais como um todo: a diversidade.

O livro passa por todos os aspectos importantes do direito das famílias: princípios, regras atinentes ao casamento, união estável, filiação e direito das sucessões, trazendo também diversas mudanças legislativas atuais e relevantes.

Os leitores desta obra são instigados, de modo muito didático e objetivo, a compreender o direito das famílias e sucessões por meio de exemplos e histórias em linguagem acessível, tanto para aqueles que buscam entender quanto para os que pretendem aprimorar o aprendizado nessa área do direito.

prefácio

Não posso deixar de ressaltar a vasta experiência da Professora Jennifer, especialista em Direito Civil e que durante anos atuou como assessora no Tribunal de Justiça do Paraná, onde tive a ilustre oportunidade de conhecê-la e compartilhar um pouco de seu conhecimento. Sou eternamente grata por isso e tenho certeza de que o sentimento de vocês, ao concluírem a leitura desta obra, não será outro senão de gratidão.

Daniele Polati Farinhas
Advogada especialista em Direito Aplicado e professora do Centro Universitário Internacional Uninter
(daniele.farinhas@gmail.com)

Elaboramos esta obra com o objetivo de auxiliar mediadores, conciliadores e árbitros no exercício de suas funções ligadas ao direito de família e sucessões. Desse modo, por não se destinar exclusivamente aos operadores do direito, visto que grande parte, se não a maioria, dos profissionais atuantes nas atividades relacionadas à resolução consensual dos conflitos não conta com formação jurídica, buscamos explicar de modo simples, didático e preciso, os pontos mais relevantes para aqueles que pretendem atuar no direito das famílias e sucessões, sem adentrar em debates inúteis e desnecessários. Ademais, abandonamos o uso de conceitos rebuscados e/ou complexos, que até mesmo no meio jurídico são muito criticados atualmente.

Julgamos fundamental a análise histórica relacionada ao direito de família e sucessões, pois somente utilizando o passado como ponto de partida é que conseguimos entender como e por que chegamos ao presente momento jurídico nessa área. Assim, torna-se possível conhecer os dispositivos legais que regem o tema e, especialmente, compreender como as questões são resolvidas na prática, que se distingue profundamente da teoria.

apresentação

O Brasil ainda é um país muito tradicional, e essa é uma das principais razões pelas quais é muito comum que as pessoas se surpreendam com algumas modificações legais e jurisprudenciais. Mas certo é que o mundo vem evoluindo a passos largos, e a necessidade de separação entre o Estado e a vida privada dos indivíduos é cada vez mais necessária como forma de garantir a dignidade das pessoas.

Note que até o advento da Constituição Federal de 1988 e do Código Civil de 2002, só era considerado família aquele núcleo constituído por um homem e uma mulher casados e seus filhos.

Esse pensamento precisou ser modificado, mormente porque a função do direito é servir e adequar-se às relações existentes, nunca o contrário. No direito, dizemos sempre que existe uma diferença entre o "estado do dever ser", que é aquele previsto em lei, e o "estado do ser", que representa o que acontece na vida real. Dessa forma, reconhecer que a família seria apenas aquele núcleo constituído por um casal casado e sua prole ia em sentido contrário à realidade existente há séculos.

As mudanças de entendimento só foram possíveis a partir de uma alteração de paradigma. Afinal, qual seria a pedra fundamental para a constituição de uma entidade familiar?

Dependendo da época que analisamos, a formação da família estará relacionada a uma questão diferente. Ela já foi constituída, por exemplo, com o objetivo de garantir a proteção dos indivíduos, ou ainda, em um momento posterior, com a função de proteger o patrimônio de famílias. No Brasil dos dias atuais, entretanto, ela se constitui tendo por base a afetividade e a felicidade; esta última, aliás, é considerada um princípio constitucional implícito.

Nesse sentido, o direito tem uma dupla função: garantir que o direito de nenhuma pessoa se sobreponha ao de outra, o que é representado pela máxima "O meu direito termina quando o da outra pessoa começa", bem como possibilitar que as pessoas encontrem a felicidade dentro das células familiares que construíram.

Assim, em um Estado democrático de direito, é necessário que sejam atendidos os direitos e as vontades de inúmeros grupos distintos, com o intuito de garantir a paz social e de possibilitar a todos a busca pela felicidade.

No Brasil atual, a família é reconhecida em diversas situações que outrora não existiam. Por exemplo, hoje não há mais qualquer dúvida jurídica sobre a possibilidade da existência de uma família constituída por pessoas em união estável, da mesma forma, a família homoafetiva é amplamente reconhecida. Mais recentemente, estamos caminhando para o reconhecimento das famílias multiespécies.

Por conta desse reconhecimento, alguns juristas atualmente pararam de se referir ao ramo como *direito de família* e passaram a referir-se a ele como *direito das famílias*.

Ideia precípua é, exatamente, deixar bastante clara e evidente a existência de um novo viés na análise da questão. A família não é mais somente aquilo que consta no Código Civil ou em alguma outra legislação esparsa; é também aquilo que as pessoas envolvidas entendem como pertinente à relação de afeto, amor, cuidado e consideração, na busca pela sua felicidade.

O direito das famílias é disciplina para ser estudada de cabeça aberta e de modo racional. Entender de maneira diversa vai em sentido oposto ao princípio da dignidade da pessoa humana e, portanto, à Constituição Federal.

Não há dúvidas, contudo, de que ainda precisamos evoluir muito no que tange ao tema, mas também é sempre importante comemorar cada passo que damos rumo aos avanços sociais e culturais.

Impossível, ainda, deixar de reconhecer o vínculo estreito entre o direito das famílias e o direito das sucessões, pois, regra geral, quem herda valores deixados por aquele que falece faz parte do núcleo familiar. Nesse ponto, é fundamental estabelecer com clareza quem está apto a herdar em cada caso concreto.

Por fim, ressaltamos que o livro foi elaborado com o objetivo precípuo de contribuir para o aprendizado de conciliadores, mediadores e árbitros no exercício de suas funções relacionadas ao direito das famílias e sucessões, bem como de todos aqueles que, mesmo sem qualquer formação jurídica, tenham interesse em aprender sobre o tema.

Bons estudos.

Empregamos nesta obra recursos que visam enriquecer seu aprendizado, facilitar a compreensão dos conteúdos e tornar a leitura mais dinâmica. Conheça a seguir cada uma dessas ferramentas e saiba como estão distribuídas no decorrer deste livro para bem aproveitá-las.

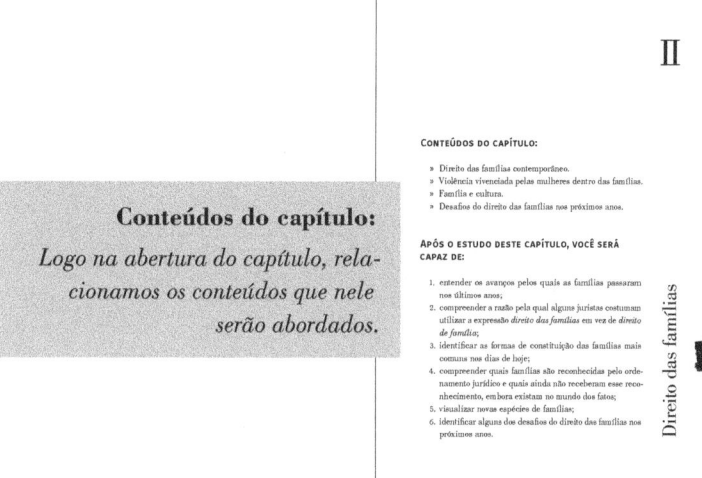

Conteúdos do capítulo:
Logo na abertura do capítulo, relacionamos os conteúdos que nele serão abordados.

Após o estudo deste capítulo, você será capaz de:
Antes de iniciarmos nossa abordagem, listamos as habilidades trabalhadas no capítulo e os conhecimentos que você assimilará no decorrer do texto.

como aproveitar ao máximo este livro

Os princípios funcionam como ponto de partida para todos os institutos do ordenamento jurídico, e o mesmo ocorre com o direito das famílias. Além disso, são eles que ditam a direção que precisamos seguir para cumprir aquilo que se espera das instituições. Uma norma é composta de princípios e regras. As regras são fixas, e os princípios são dinâmicos. Se existe o conflito entre duas regras, apenas uma delas deve ser aplicada. Ademais, havendo conflito entre princípios, é possível, muitas vezes, harmonizá-los.

PARA SABER MAIS

Indicamos a obra a seguir para o aprofundamento do tema deste capítulo.

LÔBO, P. **Direito civil:** famílias. 4. ed. São Paulo: Saraiva, 2011.

Para saber mais

Sugerimos a leitura de diferentes conteúdos digitais e impressos para que você aprofunde sua aprendizagem e siga buscando conhecimento.

Os princípios funcionam como uma bússola com o objetivo de guiar todo aquele que pretende interpretar as normas jurídicas. Algumas vezes, eles constaram expressamente no texto legal, como na Constituição Federal, que dedica todo o seu Título I aos princípios fundamentais. Outras vezes, porém, estão implícitos, ou seja, dependem de uma interpretação. Podemos citar, por exemplo, a felicidade, que, embora não conste na Magna Carta, é considerada um princípio importante para a sociedade.

Assim, conhecer os princípios que regem o direito das famílias é fundamental para a devida compreensão do instituto.

A relevância desse princípio está relacionada à vida privada da família, impedindo que outras pessoas, inclusive o Estado, interfiram indevidamente em um núcleo. Desse modo, é somente da família a decisão de se casar ou viver em união estável, de ter ou não filhos, de adotar determinada religião etc. Enquanto esse tipo de decisão não implicar real prejuízo a alguém ou mesmo afronta a outros princípios, deverá ser respeitada.

Ademais, é possível inferir que esse princípio terá grande relevância nas situações que tendem a se modificar nos próximos anos. Se não é dado a ninguém intervir na família, como é possível declarar que não existem famílias simultâneas ou poliafetivas? Impossível ignorar, portanto, que esse é um princípio que será muito considerado nos próximos anos.

Consultando a legislação

Listamos e comentamos nesta seção os documentos legais que fundamentam a área de conhecimento, o campo profissional ou os temas tratados no capítulo para você consultar a legislação e se atualizar.

CONSULTANDO A LEGISLAÇÃO

BRASIL. Constituição (1988). **Diário Oficial da União**, Brasília, DF, 5 out. 1988. Disponível em: <https://www.planalto.gov.br/ccivil_03/constituicao/constituicao.htm>. Acesso em: 15 mar. 2023.

BRASIL. Lei n. 8.069, de 13 de julho de 1990. **Diário Oficial da União**, Poder Legislativo, Brasília, DF, 16 jul. 1990. Disponível em: <https://www.planalto.gov.br/ccivil_03/leis/l8069.htm>. Acesso em: 15 mar. 2023.

BRASIL. Lei n. 10.406, de 10 de janeiro de 2002. **Diário Oficial da União**, Poder Legislativo, Brasília, DF, 11 jan. 2002. Disponível em: <https://www.planalto.gov.br/ccivil_03/_ato2019-2022/2022/lei/L14406.htm>. Acesso em: 15 mar. 2023.

BRASIL. Lei n. 6.015, de 31 de dezembro de 1973. **Diário Oficial da União**, Poder Legislativo, Brasília, DF, 31 dez. 1973. Disponível em: <https://www.planalto.gov.br/ccivil_03/leis/l6015compilada.htm>. Acesso em: 15 mar. 2023.

BRASIL. Lei n. 10.406, de 10 de janeiro de 2002. **Diário Oficial da União**, Poder Legislativo, Brasília, DF, 11 jan. 2002. Disponível em: <https://www.planalto.gov.br/ccivil_03/_ato2019-2022/2022/lei/L14406.htm>. Acesso em: 15 mar. 2023.

SÍNTESE

Em que pese o fato de a união estável existir no mundo dos fatos há séculos, foi somente a partir da entrada em vigor da Constituição Federal de 1988 que começou a ser reconhecida como uma forma legítima de constituição familiar no Brasil. Para que a união estável exista, é preciso que estejam presentes as características seguintes: (a) convivência pública; (b) convivência contínua e duradoura; e (c) intenção de constituir família. Há situações em que esses atributos são muito fáceis de serem comprovados, como no caso em que os interessados vão ao cartório e registram essa intenção por meio de um contrato de união estável. No entanto, na maioria das vezes, isso não acontece, e não são raras as situações em que, após a dissolução da união, uma pessoa precisa ingressar em juízo para obter seus direitos.

A linha entre um namoro e a união estável é muito tênue às vezes, motivo pelo qual algumas pessoas, que não têm intenção

Síntese

Ao final de cada capítulo, relacionamos as principais informações nele abordadas a fim de que você avalie as conclusões a que chegou, confirmando-as ou redefinindo-as.

Questões para revisão

Ao realizar estas atividades, você poderá rever os principais conceitos analisados. Ao final do livro, disponibilizamos as respostas às questões para a verificação de sua aprendizagem.

---

que o devedor não more mais no Brasil. A verdade é que o chamado *poder familiar* traz muito mais deveres do que direitos. Assim, é importante ter atenção e buscar sempre o melhor interesse da criança e do adolescente.

QUESTÕES PARA REVISÃO

1) Durante muito tempo, os filhos nascidos fora do casamento foram considerados ilegítimos, tendo suprimidos diversos de seus direitos. Qual lei deu o primeiro passo na busca pela igualdade de todos os filhos, independentemente de sua origem?
a. Lei n. 883/1949.
b. Lei n. 6.575/1977.
c. Lei n. 8.069/1990.
d. Lei n. 10.406/2002.

2) A adoção internacional é possível:
a. apenas em relação a adolescentes.
b. quando não existem pretendentes com perfil compatível no Brasil.
c. em qualquer caso, desde que seja em favor do melhor interesse da criança ou do adolescente.
d. quando a adoção internacional não é possível.

3) Como a guarda deve ser delimitada?
a. A guarda sempre deve ficar com a mãe.
b. A guarda sempre deve ficar com o pai.
c. A guarda sempre será compartilhada.
d. A definição da guarda deve atender ao melhor interesse da criança ou do adolescente.

---

4) Quando é possível a adoção internacional?
5) Por que existem muitas críticas à nomenclatura *poder familiar*?

QUESTÕES PARA REFLEXÃO

1) Quais são os principais deveres dos pais em relação aos filhos?
2) Por que existe tanta dificuldade em fazer com que muitos pais cumpram com o dever de pagar alimentos aos filhos?

Questões para reflexão

Ao propormos estas questões, pretendemos estimular sua reflexão crítica sobre temas que ampliam a discussão dos conteúdos tratados no capítulo, contemplando ideias e experiências que podem ser compartilhadas com seus pares.

I

Apontamentos sobre a história das famílias

CONTEÚDOS DO CAPÍTULO:

- » História das famílias.
- » Estado de natureza.
- » Posição histórica das mulheres.
- » Endogamia.
- » Família tradicional.
- » A família no Brasil e o ordenamento jurídico.

APÓS O ESTUDO DESTE CAPÍTULO, VOCÊ SERÁ CAPAZ DE:

1. entender a origem das famílias e do direito das famílias;
2. compreender a tese segundo a qual já houve uma ginecocracia;
3. identificar as principais normas que tratam do direito das famílias por meio de uma análise histórica;
4. reconhecer os avanços existentes no campo do direito das famílias nos últimos séculos.

A família nem sempre foi do jeito que conhecemos nos dias de hoje, tendo passado por inúmeras transformações no decorrer dos séculos. Para chegarmos ao presente momento, em que diversas espécies de famílias são reconhecidas pelo ordenamento jurídico, foram necessárias grandes movimentações políticas e sociais.

Entre os fatores mais importantes estão a evolução da sociedade em âmbito global, com a consequente pressão sobre os Poderes Legislativo e Judiciário. No Brasil, as grandes mudanças estão embasadas no texto da Constituição Federal de 1988, que abriu caminho para a sociedade que conhecemos hoje.

Para entender melhor todo esse processo, é essencial fazer uma viagem pela história do direito das famílias em um âmbito global.

1.1 Contexto geral da história das famílias

Diferentemente de muitos outros animais, os seres humanos nunca contaram com atributos físicos capazes de colocá-los em vantagem diante de eventuais embates com seres de outras espécies. Imagine um homem pré-histórico que, em plena savana africana, depara-se com um leão. As chances de sobrevivência são mínimas, se não nulas. Contudo, embora fisicamente esse homem fosse muito fraco, mentalmente ele conseguia ser muito habilidoso, e foi essa habilidade que fez com que ele percebesse que sozinho era muito fraco, mas em grupo podia ser extremamente forte. A partir dessas conclusões, nasceram os primeiros grupos e, por conseguinte, as primeiras unidades familiares.

Não há dúvidas de que a família tal como a conhecemos hoje tem diferenças significativas em relação àquelas que existiam em momentos anteriores da história humana, pois em nenhum outro período os seres humanos tiveram tantos direitos, deveres e garantias conjugados. À medida que as famílias evoluem, a sociedade também o faz.

Neste capítulo, abordaremos algumas peculiaridades interessantes da história das famílias que contribuíram para chegarmos ao estado atual. Note, ainda, que não trataremos de modo aprofundado dos aspectos históricos do direito de família, tanto porque isso não seria possível em apenas um capítulo quanto porque esse não é o objetivo da presente obra. Assim, optamos por fazer um retrospecto histórico que abrange apenas os apontamentos considerados mais relevantes, com o intuito de criar a base de entendimento necessária à compreensão do instituto na atualidade.

Para saber mais

Para ampliar seu conhecimento sobre o tema, indicamos a leitura da obra a seguir.

ENGELS, F. **A origem da família, da propriedade privada e do Estado**. 6. ed. Rio de Janeiro: BestBolso, 2020.

Veremos, na sequência, como chegamos ao presente momento histórico em que diversas formações familiares são reconhecidas pelo ordenamento jurídico brasileiro. Para isso, precisaremos passar pela análise de três pontos importantes: entender a posição histórica das mulheres; compreender o conceito de endogamia e seus reflexos; e conhecer a família tradicional.

1.2 Posição histórica das mulheres

Na atualidade, são inquestionáveis os desafios enfrentados pelas mulheres em diversos setores da vida em sociedade, em especial no âmbito da família. Como veremos em capítulo futuro, essas dificuldades existem até mesmo em países desenvolvidos como o Japão. Mas você sabia que, para alguns estudiosos, houve um momento histórico em que as coisas não eram assim?

Sabemos que, no estado primitivo, os seres humanos eram guiados por seus instintos com a finalidade de satisfazer suas necessidades, em atenção aos instintos de sobrevivência e de reprodução, da mesma forma que os demais animais. A promiscuidade sexual impedia que se delimitasse a linhagem paterna de cada indivíduo, motivo pelo qual, por muito tempo, apenas a linhagem materna foi conhecida.

Por essa razão, alguns estudiosos afirmam que muitas dessas sociedades dedicavam grande respeito e consideração pelas mulheres, visto que elas representavam a única linha de ascendência conhecida pelas novas gerações. Assim, era vigente a ginecocracia, ou seja, um "governo das mulheres".

A mudança de paradigma, na qual o heterismo cede lugar à monogamia e o direito materno cede lugar ao paterno, teria ocorrido inicialmente na Grécia, a partir de influências religiosas.

Engels (2020, p. 13, grifo nosso), citando os estudos de Bachofen, explica que

> A passagem do "heterismo" para a monogamia e do direito materno para o paterno, segundo Bachofen, processa-se – particularmente entre os gregos – em consequência do desenvolvimento das concepções religiosas, da introdução de novas divindades, representativas de

ideias inéditas, no grupo de deuses tradicionais, que eram a encarnação das velhas ideias; pouco a pouco os velhos deuses vão sendo relegados ao segundo plano pelos novos. Dessa maneira, pois, para Bachofen, não foi o desenvolvimento das condições reais de existência dos homens, **mas o reflexo religioso dessas condições na mente deles, o que determinou as transformações históricas na situação social recíproca do homem e da mulher.** De acordo com o seu ponto de vista, Bachofen interpreta a Oréstia, de Ésquilo, como um quadro dramático de luta entre o direito materno agonizante e o direito paterno, que nasceu e conseguiu a vitória sobre o primeiro, na época das epopeias. Levada pela sua paixão por Egisto, seu amante, Clitemnestra mata o marido, Agamenon, quando este regressava da Guerra de Troia; mas Orestes, filho dela e de Agamenon, vinga o pai matando a mãe. Isso faz com que ele se veja perseguido pelas Erínias, seres demoníacos que protegem o direito materno, de acordo com o qual o matricídio é o mais grave e imperdoável de todos os crimes. Apolo, no entanto, que por intermédio do seu oráculo havia incitado Orestes a matar a mãe, e Palas Atena, que intervém como juiz (ambas as divindades representam aqui o novo direito paterno), protegem Orestes. Antena ouve ambas a partes. Toda a questão está resumida na discussão de Orestes com as Erínias. Orestes diz que Clitemnestra cometeu um duplo crime ao matar quem era seu marido e pai de seu filho. Por que as Erínias o perseguiam, porque o visavam, em especial, se ela, a morta, tinha sido muito mais culpada? A resposta é surpreendente: "Ela não estava unida por vínculos de sangue ao homem que assassinou". O assassinato de uma pessoa com a qual não houvesse vinculação de sangue, mesmo que fosse o próprio marido, era falta que podia ser expiada – e não concernia, absolutamente, às Erínias. A missão delas era punir o homicídio entre consanguíneos e o pior e mais imperdoável dos crimes segundo o direito materno: o matricídio. Nesse ponto, contudo, intervém Apolo, defensor de Orestes, e em seguida Atena submete o caso ao Areópago – o Tribunal do Júri ateniense; há o mesmo número de votos pela condenação e pela absolvição. Então, Atena, como presidente do Tribunal, vota em favor de Orestes e o absolve. O direito paterno vence o materno. Os "deuses da jovem geração", como os chamam as próprias Erínias, são mais poderosos do que elas, e só lhes resta resignarem-se e, finalmente, também elas convencidas, porem-se ao servido do novo estado das coisas.

Não há dúvidas de que a religião teve real influência na mudança do heterismo para a monogamia, porém outro fator relevante decorreu das novas estruturas sociais e culturais.

Sobre tal ponto, é fundamental ter em mente que, mesmo que essas sociedades tenham existido e funcionado dessa forma, ou seja, com respeito e consideração às mulheres, não é possível determinar que tais noções de respeito e consideração sejam as mesmas que temos atualmente, já que, no período pré-histórico, os seres humanos agiam conforme suas vontades e seus instintos.

1.3 Endogamia

A endogamia consiste na união formal e sexual de indivíduos que fazem parte do mesmo grupo familiar. Embora essas relações sejam impensadas nos dias de hoje, em razão de inúmeros fatores, eram muito comuns em outros períodos da história humana.

Interessante notar que, se em um primeiro momento a endogamia surgia da promiscuidade existente no período pré-histórico, em um momento histórico posterior não derivava apenas da vontade das partes envolvidas, mas de uma cultura familiar que buscava manter a linhagem, como no caso dos soberanos do Egito.

O objetivo era a conservação do poder e do patrimônio dentro da própria unidade familiar original, o que, diante da inexistência de análises científicas, parecia uma escolha inteligente. Sabemos, porém, que, em um momento posterior, ficou constatado, cientificamente, que o envolvimento entre pessoas da mesma família aumenta consideravelmente as chances de desenvolvimento de doenças genéticas.

Aliás, problemas genéticos decorrentes da geração de filhos entre parentes consanguíneos próximos seriam a razão do desaparecimento de uma das famílias mais poderosas da Europa: os Habsburgos (Figueiredo, 2021).

Embora tenham governado a Europa Central, a Espanha e a Áustria por muitos anos, a linhagem se encerrou em 1700, quando o Rei Carlos II, da Espanha, faleceu sem conseguir deixar filhos. Perceba que a esterilidade do monarca possivelmente decorreu dos problemas genéticos relacionados à endogamia familiar que era praticada há centenas de anos por seus ascendentes (Figueiredo, 2021).

Assim, influenciada pela Igreja, pela cultura e pelas evidências científicas, a estrutura das relações familiares foi sendo modificada no decorrer dos séculos.

1.4 Família tradicional

A conjugação do instinto reprodutivo com a necessidade de definição da linha paterna para os descendentes, o repúdio às relações incestuosas e os dogmas religiosos teve forte influência na formação das chamadas *famílias tradicionais*, que seriam compostas por um homem, uma mulher e sua prole.

Sua origem remonta à Roma do século VIII a.C., e sua configuração não é muito diferente da observada em inúmeros grupos familiares que existem ainda nos dias de hoje em vários lugares do mundo. O chefe da família era o homem, conhecido como *pater familias*, que tinha poderes absolutos sobre sua esposa e seus filhos. A forte influência religiosa pode ser notada a partir da criação do instituto do casamento, considerado por muitos séculos a única forma possível para a constituição de uma família. Essa mesma situação se repetia na Grécia do século V a.C. (Coulanges, 2009; Dias, 2021; Farias, 2021; Engels, 2020).

Nesse momento da história, já existia grande diferença entre o tratamento dado aos homens e o concedido às mulheres. Como estas eram dadas em casamento, passavam a fazer parte da família do marido e, por conseguinte, não tinham muitos direitos relacionados à sua família consanguínea.

Desse modo, o *pater familias* transmitia a maioria de seus bens, se não a integralidade deles, aos filhos homens, com o objetivo de fazer com que eles não saíssem do núcleo familiar original.

Mas existia um motivo ainda mais surpreendente para essa diferenciação entre os gêneros e que tinha relação com a religião: a necessidade de culto aos mortos.

Segundo Coulanges (2009), assim como hoje, a morte era algo completamente desconhecido, razão pela qual as crenças religiosas ditavam as ações da população, que acreditava que, após o falecimento de uma pessoa, ela continuaria vivendo, mas agora embaixo da terra. Para que aqueles que haviam falecido não padecessem com fome e sede pela eternidade, era necessário que algum de seus descendentes ficasse encarregado de levar comida e bebida ao túmulo. Esse seria outro ponto muito importante para a desigualdade entre homens e mulheres, pois, como vimos, após o casamento, a mulher passava a ter obrigações com a família de seu marido.

Assim, conforme o autor, na tradição grega, entendia-se que a pessoa que não tivesse deixado filhos estaria condenada à fome perpétua, visto que não haveria ninguém para levar comida e bebida até seu túmulo.

Esse tipo de culto não seria uma exclusividade dos gregos. O culto aos mortos também pode ser verificado entre helenos, latinos, sabinos, entre outros, e continua até os dias de hoje, embora de uma forma diferente, mormente diante da necessidade do respeito às normas sanitárias.

No México, por exemplo, no Dia dos Mortos é tradição que parentes e amigos visitem o cemitério e adornem os túmulos de seus entes queridos com velas, incensos e flores. Também costumam comer e beber próximos aos túmulos de seus antepassados. Vemos aqui, portanto, mais um exemplo de respeito e solidariedade familiar e a forte influência da religião na sociedade.

Percebemos, assim, que, na maioria das civilizações organizadas, a família ficou intimamente atrelada à religião, que regulava as relações estabelecendo regras de conduta.

1.5 A família no Brasil e o ordenamento jurídico

De modo simplista, podemos dizer que, em 1500, Pedro Alvares Cabral descobriu o Brasil, o que culminou em uma forte transferência da cultura dos países europeus para o novo território.

Não podemos ignorar, contudo, que, antes disso, já existiam famílias indígenas que viviam aqui, com suas próprias culturas. Entretanto, é irrefutável que grande parte disso caiu no esquecimento, em decorrência de imposições feitas pelos "descobridores".

Dessa maneira, tendo em vista a influência cultural e religiosa dos colonizadores, a história da família no Brasil não é diferente da dos países europeus. Ademais, como na maioria dos países do mundo, o modelo de família brasileiro foi profundamente transformado com o passar do tempo. Por conseguinte, a legislação também precisou adequar-se.

Conforme explica Dias (2021), as leis são produzidas como resposta a um acontecimento, e disso advém seu viés conservador. Atualmente, inúmeras espécies distintas de família são aceitas pelo ordenamento jurídico pátrio, o que difere bastante do momento inicialmente estabelecido, ou seja, a família formada a partir da união de uma mulher, um homem e sua prole. Para entender como isso ocorreu, é necessária uma análise da evolução legislativa.

Os colonizadores do Brasil trouxeram consigo uma forte influência religiosa. Não por outro motivo, a Igreja Católica detinha grande poder na regulamentação do direito de família, mormente por ser a religião oficial tanto do Império português quanto da Colônia.

Essa profunda ingerência fica bastante clara pela leitura do texto da primeira Constituição do Brasil, ainda no tempo do Império, que foi escrita em nome da Santíssima Trindade e previa que a religião do Império era a católica.

Vejamos o teor do art. 5º da Constituição de 1824:

> Art. 5º A Religião Catholica Apostolica Romana continuará a ser a Religião do Imperio. Todas as outras Religiões serão permitidas com seu culto domestico, ou particular em casas para isso destinadas, sem fórma alguma exterior do Templo. (Brasil, 1824)

Embora a Constituição não proibisse a existência de outras religiões no território brasileiro, era exigido que os cultos fossem domésticos, isto é, sem extensão para o exterior dos templos, o que, por si só, já indica a existência de discriminação em relação às outras crenças.

Essa previsão não acontecia por acaso. A religião sempre teve enorme influência sobre todas as organizações sociais, principalmente porque tudo o que o homem não compreendia facilmente poderia ser imputado a algum deus zangado. Uma curiosidade sobre o assunto é que até mesmo elementos naturais, como água, vento e fogo, já foram considerados deuses.

Esse cenário foi, em tese, modificado a partir da entrada em vigor da Constituição de 1891, na qual o Brasil abandonou a postura anterior, posicionando-se como uma nação laica (Brasil, 1891).

De toda sorte, sabemos que a intervenção da religião nas relações familiares permanece muito forte até os dias de hoje. Além disso, o preconceito contra determinadas religiões ainda é muito presente no Brasil e no mundo.

Conforme consta na Constituição de 1891,

> Art. 72. A Constituição assegura a brasileiros e a estrangeiros residentes no paiz a inviolabilidade dos direitos concernentes á liberdade, á segurança individual e á propriedade, nos termos seguintes:
>
> [...]
>
> § 4º A Republica só reconhece o casamento civil, cuja celebração será gratuita. (Brasil, 1891)

Isso, contudo, não modificou a questão atinente ao casamento, que, até a entrada em vigor da atual Carta Magna, em 5 de outubro de 1988 (Brasil, 1988), era tido como a única forma de constituição da família legítima no Brasil e, por conseguinte, a única protegida pelo direito.

Não se ignora que, nessa época, já existiam uniões estáveis, por exemplo, mas ela era considerada uma relação espúria, não merecendo a proteção do ordenamento jurídico.

Mas as desigualdades não se restringiam à relação entre homem e mulher. Os filhos eram igualmente classificados como inferiores ou superiores, a depender de sua origem. Os nascidos dentro do casamento eram considerados filhos legítimos, e os que nasciam fora do casamento, ainda que o casal vivesse em união estável, eram considerados ilegítimos.

Assim, o século XX foi marcado por diversas mudanças sociais e legislativas, e as mais significativas evoluções começaram em 1949, com o advento da Lei n. 883, que permitia o reconhecimento dos filhos nascidos fora do casamento, conferindo-lhes direitos até então inexistentes, o que não era possível em um momento legislativo anterior.

Segundo o texto legal,

> Art. 1º Dissolvida a sociedade conjugal, será permitido a qualquer dos cônjuges o reconhecimento do filho havido fora do matrimônio e, ao filho a ação para que se lhe declare a filiação. (Brasil, 1949)

Em que pese, à época, o fato de essa legislação ter representado um enorme avanço, não é possível falar em igualdade real entre os filhos nascidos dentro e fora do casamento, especialmente porque a própria lei criava distinções.

Exemplo disso é o art. 2º da mesma lei, no qual estava previsto que o filho chamado de *ilegítimo*, ou seja, que nascia fora do casamento, tinha direito somente à metade da herança recebida pelo filho "legítimo", nos seguintes termos:

> Art. 2º O filho reconhecido na forma desta Lei, para efeitos econômicos, terá o direito, a título de amparo social,

à metade da herança que vier a receber o filho legítimo ou legitimado. (Brasil, 1949)

O segundo grande progresso legislativo aconteceu em 1962, com a edição da Lei n. 4.121, também conhecida como Estatuto da Mulher Casada (Brasil, 1962). Essa lei retirava a mulher da situação de completa subalternidade e discriminação em relação ao marido, em especial quanto à sua relativa incapacidade para os atos da vida civil, conforme o texto original do Código Civil de 1916:

> Art. 6º São incapazes, relativamente a certos atos (art. 147, n. 1), ou à maneira de os exercer:
>
> [...]
>
> II – As mulheres casadas, enquanto subsistir a sociedade conjugal. (Brasil, 1916)

Outro ponto interessante relacionado à mulher é que o Código Civil de 1916 previa que, se o marido descobrisse, após o casamento, que sua esposa não era virgem, ele poderia requerer a anulação do casamento, no prazo de dez dias, conforme previsão contida no art. 178, parágrafo 1º. Note que o mencionado código teve vigência até ano de 2003.

Em 1977, veio a terceira grande mudança, com a instituição da Lei n. 6.515, conhecida como Lei do Divórcio, que previa a dissolução do casamento por meio da separação judicial e do divórcio, desde que respeitados os prazos e as condições previstos no diploma legal. Antes disso, o casamento era considerado um vínculo eterno (Brasil, 1977).

É importante notar que, antes dessa lei, existia o chamado *desquite*, em que os casais se separavam de fato, mas o vínculo matrimonial continuava existindo.

No entanto, sem sombra de dúvidas, a verdadeira evolução no direito das famílias ocorreu a partir da entrada em vigor da Constituição Federal de 1988, que trouxe em seu bojo uma série de regras e princípios que buscam garantir a igualdade entre os membros da família (Brasil, 1988).

Fazendo revolução, ainda, nas relações entre cônjuges, o art. 5º, inciso I, no título destinado aos direitos e garantias fundamentais, estabeleceu que "Homens e mulheres são iguais em direitos e obrigações", acabando com qualquer resquício da antiga inferioridade da mulher em relação ao homem (Brasil, 1988).

Ademais, em uma interpretação conforme a Constituição, o Supremo Tribunal Federal (STF), em 2011, reconheceu as uniões homoafetivas.

Evidente, portanto, que a entrada em vigor da Constituição Federal de 1988 é um marco para o reconhecimento dos inúmeros tipos de família presentes na sociedade brasileira, bem como da aplicação do princípio da igualdade entre as pessoas.

> **CONSULTANDO A LEGISLAÇÃO**
>
> BRASIL. Constituição (1824). **Coleção das Leis do Império do Brasil**, Rio de Janeiro, p. 7, v. 1, 1824. Disponível em: <https://www.planalto.gov.br/ccivil_03/constituicao/constituicao24.htm>. Acesso em: 15 mar. 2023.
>
> BRASIL. Constituição (1891). **Diário Oficial da República dos Estados Unidos do Brasil**, Rio de Janeiro, 24 fev. 1891. Disponível em: <https://www.planalto.gov.br/ccivil_03/Constituicao/Constituicao91.htm>. Acesso em: 15 mar. 2023.
>
> BRASIL. Constituição (1934). **Diário Oficial da União**, Rio de Janeiro, 16 jul. 1934. Disponível em: <https://www.planalto.gov.br/ccivil_03/Constituicao/Constituicao34.htm>. Acesso em: 15 mar. 2023.

BRASIL. Constituição (1937). **Diário Oficial da União**, Rio de Janeiro, 10 nov. 1937. Disponível em: <https://www.planalto.gov.br/ccivil_03/constituicao/constituicao37.htm>. Acesso em: 15 mar. 2023.

BRASIL. Constituição (1946). **Diário Oficial da União**, Rio de Janeiro, 19 set. 1946. Disponível em: <https://www.planalto.gov.br/ccivil_03/constituicao/constituicao46.htm>. Acesso em: 15 mar. 2023.

BRASIL. Constituição (1967). **Diário Oficial da União**, Brasília, DF, 24 jan. 1967. Disponível em: <https://www.planalto.gov.br/ccivil_03/constituicao/constituicao67.htm>. Acesso em: 15 mar. 2023.

BRASIL. Constituição (1988). **Diário Oficial da União**, Brasília, DF, 5 out. 1988. Disponível em: <https://www.planalto.gov.br/ccivil_03/constituicao/constituicao.htm>. Acesso em: 15 mar. 2023.

BRASIL. Lei n. 883, de 21 de outubro de 1949. **Diário Oficial da União**, Poder Legislativo, Rio de Janeiro, 26 out. 1949. Disponível em: <https://www.planalto.gov.br/ccivil_03/leis/1930-1949/l0883.htm>. Acesso em: 15 mar. 2023.

BRASIL. Lei n. 3.071, de 1º de janeiro de 1916. **Diário Oficial da União**, Poder Legislativo, Rio de Janeiro, 5 jan. 1916. Disponível em: <https://www.planalto.gov.br/ccivil_03/leis/l3071.htm>. Acesso em: 15 mar. 2023

BRASIL. Lei n. 4.121, de 27 de agosto de 1962. **Diário Oficial da União**, Poder Legislativo, Brasília, DF, 3 set. 1962. Disponível em: <http://www.planalto.gov.br/ccivil_03/leis/1950-1969/l4121.htm>. Acesso em: 15 mar. 2023.

BRASIL. Lei n. 6.515, de 26 de dezembro de 1977. **Diário Oficial da União**, Poder Legislativo, Brasília, DF, 27 dez. 1977. Disponível em: <http://www.planalto.gov.br/ccivil_03/leis/l6515.htm>. Acesso em: 15 mar. 2023.

> BRASIL. Lei n. 10.406, de 10 de janeiro de 2002. **Diário Oficial da União**, Poder Legislativo, Brasília, DF, 11 jan. 2002. Disponível em: <https://www.planalto.gov.br/ccivil_03/leis/2002/l10406compilada.htm>. Acesso em: 15 mar. 2023.

Síntese

A história das famílias caminha junto à da humanidade. Se, em um primeiro momento, o homem se uniu a outros com o objetivo precípuo de garantir mais segurança, em seguida viu nascerem sentimentos que existem até hoje, como afetividade e solidariedade, e que foram essenciais para os avanços que sucederam. A família evoluiu à medida que foi sendo posta em xeque, mudando conceitos muito arraigados, com o intuito de garantir a igualdade de direitos entre todos os indivíduos. No Brasil, um divisor de águas, sem dúvida, foi a Constituição Federal de 1988.

Questões para revisão

1) Quais fatores podem ser considerados fundamentais para a mudança nos arranjos familiares no Brasil?

   a. A Constituição Federal de 1988 e o Código Civil de 1916.
   b. O fato de o Brasil assumir a postura de país laico, a partir da Proclamação da República.
   c. O fato de a afetividade ser reconhecida como um ponto relevante das relações humanas.
   d. Todas as alternativas estão corretas.

2) Existem fortes indícios de que um dos fatores fundamentais para o homem resolver viver em grupo e, por conseguinte, constituir as primeiras famílias foi:

   a. o afeto pelos outros seres humanos.
   b. a necessidade de segurança e proteção.
   c. uma forma de agradar e cultuar os deuses.
   d. a necessidade de atender à religião da época.

3) No Brasil, o divórcio somente foi permitido em que ano?

   a. 1940.
   b. 1944.
   c. 1977.
   d. 1988.

4) O que são relações endogâmicas?

5) O que é a família tradicional?

Questões para reflexão

1) A situação das mulheres nas famílias mudou muito durante os séculos. Qual é a importância jurídica disso?

2) Em 2011, em uma interpretação conforme a Constituição, o Supremo Tribunal Federal (STF) reconheceu a existência das relações homoafetivas. Quais possivelmente são as razões para que isso só tenha acontecido no século XXI?

II

CONTEÚDOS DO CAPÍTULO:

» Direito das famílias contemporâneo.
» Violência vivenciada pelas mulheres dentro das famílias.
» Família e cultura.
» Desafios do direito das famílias nos próximos anos.

APÓS O ESTUDO DESTE CAPÍTULO, VOCÊ SERÁ CAPAZ DE:

1. entender os avanços pelos quais as famílias passaram nos últimos anos;
2. compreender a razão pela qual alguns juristas costumam utilizar a expressão *direito das famílias* em vez de *direito de família*;
3. identificar as formas de constituição das famílias mais comuns nos dias de hoje;
4. compreender quais famílias são reconhecidas pelo ordenamento jurídico e quais ainda não receberam esse reconhecimento, embora existam no mundo dos fatos;
5. visualizar novas espécies de famílias;
6. identificar alguns dos desafios do direito das famílias nos próximos anos.

Direito das famílias

Após a entrada em vigor da Constituição Federal de 1988 (Brasil, 1988), houve uma verdadeira evolução em vários campos do conhecimento jurídico, e com a família não foi diferente. A Magna Carta deu abertura para o reconhecimento de diversas situações que, até então, viviam à margem da sociedade. Hoje, podemos falar que existem diversas espécies de famílias, cada uma com uma forma de constituição distinta. Por essa razão, alguns autores preferem chamar o direito de família de *direito das famílias*, para deixar ainda mais clara a ideia de inclusão.

Embora tenhamos visto uma grande revolução no que toca a alguns tipos de famílias, outros continuam sem regulamentação. Isso acontece por uma série de fatores, contudo podemos apontar o princípio da monogamia com um dos mais relevantes.

Há indícios, ainda que tímidos, de que essa realidade será modificada em alguns anos e que o direito passará a regular também relações poliafetivas.

> **PARA SABER MAIS**
>
> **Jurisprudência**
>
> Supremo Tribunal Federal (STF) reconhece união homoafetiva:
>
> STF – Supremo Tribunal Federal. Ação Direta de Inconstitucionalidade 4.277, de 5 de maio de 2011. Relator: Ministro Ayres Britto. **Diário da Justiça Eletrônico,** 14 out. 2011. Disponível em: <https://redir.stf.jus.br/paginadorpub/paginador.jsp?docTP=AC&docID=628635>. Acesso em: 16 fev. 2023.

STF afirma que não é possível existirem famílias simultâneas:

BRASIL. Repercussão geral 1045273. Tema 0529: Possibilidade de reconhecimento jurídico de união estável e de relação homoafetiva concomitantes, com o consequente rateio de pensão por morte. Relator: Ministro Alexandre de Moraes. 5 maio 2017. Disponível em: <https://portal.stf.jus.br/jurisprudenciaRepercussao/tema.asp?num=529>. Acesso em: 16 fev. 2023.

Legislação
Projeto de lei prevê a guarda compartilhada de animais de estimação:

BRASIL. Câmara dos Deputados. Projeto de Lei n. 4.375/2021. Prevê a guarda compartilhada de animais de estimação e dá outras providências. Disponível em: <https://www.camara.leg.br/propostas-legislativas/2311683>. Acesso em: 16 fev. 2023.

Filmes
O filme *O jogo da imitação* conta a história do famoso cientista da computação e matemático Alan Turing.

O JOGO da imitação. Direção: Morten Tyldum. EUA: Diamond Films, 2014. 115 min.

O filme a seguir foi inspirado na vida da pintora dinamarquesa Lili Elbe, uma das primeiras pessoas transgênero a se submeter a uma cirurgia de redesignação sexual.

A GAROTA dinamarquesa. Direção: Tom Hooper. EUA, 2015. 119 min.

Como vimos no capítulo anterior, foram inúmeras as transformações pelas quais a família e, por conseguinte, o direito de família passaram no decorrer dos séculos. Partindo-se de estruturas sociais bastante simples, constituídas com o objetivo de garantir a segurança, foram sendo construídos laços de cuidado e afeto.

A sociedade mundial chegou ao século XXI com uma gama enorme de possibilidades e com a missão precípua de romper paradigmas anteriormente arraigados, com o principal objetivo de regular algo bastante subjetivo.

A família, como quase tudo no atual mundo líquido em que vivemos, é uma instituição em profunda e constante evolução, e é assim que precisa ser vista. É desse fato que emerge a necessidade de o ordenamento jurídico reconhecer o grande leque de possibilidades que a envolve.

É sempre importante lembrar que cabe ao direito servir às pessoas, nunca o contrário. Por esse motivo, é bastante equivocado pensar que a família é apenas aquilo que está previsto na lei. Embora ela sirva de ponto de partida e interpretação, não poderá restringir que as relações aconteçam, exceto quando representarem real ameaça a algum bem juridicamente tutelado.

Em razão disso, a história das famílias revela as inúmeras modificações promovidas no cenário original, bem como na posição de cada um dos atores que compõem esse núcleo. Entre as mais relevantes, destacam-se:

» Se em um primeiro momento o casamento é essencial para a constituição da família, em outro é amplamente reconhecida a união estável.
» Os filhos concebidos fora do casamento ou incluídos por adoção deixam de ser considerados ilegítimos ou mesmo de ser preteridos em relação aos outros, recebendo o

mesmo *status* dos demais, com o reconhecimento da tão necessária e justa igualdade de tratamento em todos os aspectos.

» Não existe mais a figura do chefe de família, e os deveres e as responsabilidades passam a ser do homem e da mulher de maneira igualitária.

» A obrigatoriedade de diversidade de sexos entre os cônjuges deixa de existir a partir de uma interpretação constitucional da questão feita pela Suprema Corte. É importante perceber que isso não aconteceu somente no Brasil, mas em inúmeras outras nações do mundo.

Assim, pelo fato de a família ter passado por inúmeras modificações, especialmente nos últimos anos, alguns grandes doutrinadores abandonaram a expressão *direito de família* e passaram a adotar a denominação *direito das famílias*, por entenderem que esta última se adéqua melhor às diversas relações existentes.

Sobre o tema, Maria Berenice Dias (2021, p. 11), em seu *Manual de direito das famílias*, explica muito bem o motivo da mudança da terminologia:

> Muitos questionamentos sugiram pelo fato de, pela primeira vez, ser usada a expressão "direito das famílias". É que para mim a expressão "direito de família" perdeu significado. Aliás, na coletânea *Conversando sobre...* já havia usado a expressão no plural. O terceiro volume se intitula *Conversando sobre o direito das famílias*. [...]. Cada vez mais a ideia de família afasta-se da estrutura do casamento. O divórcio e a possibilidade do estabelecimento de novas formas de convívio provocaram uma revolução na forma sacralizada do matrimônio. A constitucionalização da união estável e do vínculo monoparental operaram verdadeira transformação na sociedade

e na própria família. Assim, na busca do conceito de entidade familiar, é necessário ter uma visão pluralista que albergue os mais diversos arranjos vivenciados.

Note que a forma de constituição da família está intimamente ligada ao contexto social e histórico em que ela está inserida, o que trará consequências importantes para seu estabelecimento. Desse modo, a família no Brasil não é mais apenas aquela formada por um homem, uma mulher e seus filhos. Agora, ela pode ter diversas facetas.

Há a família constituída pelo casamento e, também, aquela que é estabelecida mediante uma união estável. Essas famílias podem ser heteroafetivas ou homoafetivas. Existem, ainda, as famílias simultâneas, sobre as quais ainda existem muitas divergências jurisprudenciais, e as famílias monoparentais. Por fim, mais recentemente, começamos a falar nas famílias multiespécies, compostas por seres humanos e seus animais de estimação.

Esses são apenas alguns exemplos de situações existentes no Brasil; porém, se olharmos para o direito alienígena, veremos que, em muitos países, os tipos de família são diferentes dos nossos, adequando-se às realidades, às culturas e às crenças locais. Muitos países árabes, por exemplo, não aceitam que famílias sejam formadas por pessoas do mesmo sexo.

Uma triste curiosidade sobre o assunto é que, em muitos desses países, a união homoafetiva não é apenas proibida, mas também punida com a pena de morte por apedrejamento, como nos casos do Irã, da Arábia Saudita e do Iêmen.

De outro giro, situações que no Brasil são proibidas, como a poligamia, muitas vezes são legais em outras culturas. Perceba que nem mesmo a forma de constituição de uma família é igual em todos os lugares do mundo, pois tudo depende da sociedade, da cultura e das crenças existentes em determinado território.

Se pensarmos em quais situações antecedem os casamentos, vamos presumir que duas pessoas se conhecem, se apaixonam e se casam, pois essa é a realidade da maioria das uniões no Brasil, mas não podemos esquecer que, em muitos lugares do mundo, ainda existem casamentos arranjados, como na Índia. Mas, diferentemente do que muitos pensam, até mesmo nessas culturas a opinião dos noivos deve ser levada em consideração.

Vemos, portanto, que o termo *famílias* se adéqua muito bem às realidades brasileira e mundial, considerando o grande número de núcleos familiares formadas a partir de diversas conjugações.

Sabendo disso, podemos afirmar que *famílias* é o termo utilizado como forma de deixar claro que, atualmente, não existe mais distinção entre núcleos familiares em razão de sua formação ou constituição. Além da família tradicional, formada por um homem, uma mulher e sua prole, há inúmeras outras, que têm direitos constitucionais de proteção, inclusão e respeito.

2.1 Direito das famílias contemporâneo

Como vimos, a família contemporânea tem inúmeras facetas tanto no Brasil quanto no mundo. Com as mudanças culturais e o avanço no entendimento sobre a real função do direito, foi possível abrir um leque de possibilidades no intuito de acolher as diversas formas de família existentes.

Contudo, sabemos que o mundo é muito grande e que a cultura diverge de povo para povo. Assim, definir o que seria a família em um sentido global é tarefa muito difícil, se não impossível, considerando-se as inúmeras peculiaridades que o instituto apresenta.

De toda sorte, podemos afirmar que ganham cada vez mais importância os princípios atinentes aos direitos humanos.

Conforme lembra Bugai (2021, p. 18), "A Declaração Universal dos Direitos Humanos (DUDH) de 1948, declara liberdade e a igualdade de todas as pessoas em dignidade e direito [...]".

De outro giro, podemos dizer, embora de modo bastante simplista, que a família, em um âmbito global, seria a união de pessoas, ligadas por vontades particulares e distintas, com a intenção de constituir um núcleo familiar.

Vamos examinar, então, alguns dos mais relevantes tipos de família na atualidade segundo a forma como são constituídas.

2.1.1 Família tradicional

A família tradicional é aquela formada por um homem e uma mulher que se unem pelo casamento, com o objetivo de constituírem uma família. Usa-se o termo *tradicional* para efeitos didáticos, pois este representa o tipo de união que, por muitos séculos, foi considerado o único possível. Ademais, é o mais comum em um sentido global, ou seja, analisando-se as demais sociedades do mundo. Ela deriva do padrão patriarcal que vigorou por séculos não apenas no Brasil e que tinha como centro desse núcleo a figura do *pater familias*, ou seja, o pai da família.

Hoje, no entanto, embora apresente características semelhantes às das formações mais remotas, ganhou novas facetas. Podemos afirmar que ela ainda é composta por um homem, uma mulher e sua prole, mas a figura masculina foi perdendo seu protagonismo no decorrer dos anos, em razão da difusão dos ideais de igualdade entre os sexos. Assim, não é mais possível dizer que fulano ou beltrano é o chefe da família, pois todos os indivíduos têm igual importância, cada um com seus direitos e deveres.

Cabe mencionar que, nos últimos anos, o termo *família tradicional* tem sido muito utilizado como forma de segregação, ou seja, de separá-lo dos outros tipos de família. Porém, juridicamente essa ideia não tem qualquer fundamento.

Família é família, independentemente de sua composição, e a divisão que fazemos serve apenas para fins de entendimento e estudo. Portanto, dizer que uma família é "tradicional" não significa que ela tem alguma vantagem moral ou ideológica sobre as outras, mas apenas que é a forma reconhecida há mais tempo.

2.1.2 Família homoafetiva

A família homoafetiva é constituída mediante a união de duas pessoas do mesmo sexo e, embora os relacionamentos homoafetivos sempre tenham existido, foi somente nos últimos anos que eles passaram a ser reconhecidos como entidade familiar em alguns países, inclusive no Brasil.

Na Grécia Antiga, a prática era muito comum, conforme relata Luiz Carlos Pinto Corino (2006, p. 22) em artigo publicado na *Biblos – Revista do Instituto de Ciências Humanas e da Informação*:

> A relação homossexual básica e aceita pela sociedade ateniense se dava no relacionamento amoroso de um homem mais velho, o *erastes* (amante), por um jovem a quem chamavam *eromenos* (amado), que deveria ter mais de 12 anos e menos de 18. Esse relacionamento era chamado *paiderastia* (amor a meninos), ou, como pode ser melhor compreendido, homoerotismo, e tinha como finalidade a transmissão de conhecimento do **erastes** ao *eromenos*. O que para nós pode parecer anormal, para os gregos era o paradigma da educação masculina, a *paideia* (educação) que somente se realizava pela *paiderastia*.

Percebemos, portanto, que, em um primeiro momento, os relacionamentos homoafetivos eram comuns e aceitos.

Posteriormente, diante principalmente da influência da religião, passaram a ser considerados impróprios e ilegais. Na atualidade, existe uma tendência de que grande parte dos países do mundo reconheça essas uniões, especialmente como forma de atender ao princípio da dignidade da pessoa humana.

Em uma retrospectiva histórica dos principais acontecimentos dos últimos anos, vemos que, em 1989, a Dinamarca editou a primeira legislação prevendo que as uniões homoafetivas tinham os mesmos direitos que as relações heteroafetivas. Embora esse tenha sido um passo importante, a verdadeira equidade ainda não existia, considerando-se, por exemplo, que os casais homoafetivos não poderiam adotar filhos (Mascotte, 2009).

A Holanda foi o primeiro país do mundo a oficializar um casamento homoafetivo, o que aconteceu no dia 1º de abril de 2001 e representou um marco na luta pela igualdade e contra o preconceito e a discriminação. Em razão disso, a legislação holandesa ganhou grande destaque, e a primeira união chegou a ser televisionada (Mascotte, 2009).

Em 2011, o Supremo Tribunal Federal (STF) reconheceu a possibilidade de existência de união estável entre pessoas do mesmo sexo, no julgamento da ADIn n. 4.277 e da ADPF n. 132. Dois anos depois, o casamento homoafetivo foi regulamentado pela Resolução n. 175, de 14 de maio de 2013, do Conselho Nacional de Justiça (CNJ).

Atualmente, as uniões homoafetivas são permitidas em grande parte dos países, como Espanha, Canadá, França, Nova Zelândia, Estados Unidos, entre outros. Na contramão de tal entendimento, alguns países proíbem não apenas o casamento homoafetivo como também as simples relações entre pessoas do mesmo sexo. Nesses locais, quem desrespeita essa proibição pode enfrentar sanções realmente graves, como no caso do Irã, da Arábia Saudita e do Iêmen, em que a relação entre pessoas do mesmo sexo é punida com pena de morte por apedrejamento.

Todavia, a evolução da sociedade no que diz respeito ao tema tem sido cada vez mais evidente. No ano de 2020, durante um documentário dirigido por Evgeny Afineevsky, o Papa Francisco, líder da Igreja Católica, defendeu a união cível entre homossexuais. A declaração pegou muitos de surpresa, mormente porque foi pronunciada pelo então líder supremo da Igreja Católica. Segundo Francisco, "Os homossexuais têm direito a formar uma família [...]. Eles são filhos de Deus e têm direito a uma família. Ninguém deve ser excluído ou forçado a ser infeliz por isso. [...]. O que temos que fazer é criar uma legislação para a união civil. Dessa forma, eles ficam legalmente cobertos" (Papa..., 2020).

Portanto, o reconhecimento das uniões homoafetivas é uma tendência em todo o mundo e representa um reflexo do desenvolvimento social, visto que não faz sentido a intervenção do direito em relações privadas quando estas não trazem nenhum prejuízo real a terceiros.

Por fim, é importante deixar claro que no Brasil não existe mais qualquer dúvida sobre a possibilidade de relacionamentos homoafetivos resultarem em entidades familiares com os mesmos direitos e deveres das heteroafetivas.

2.1.3 Família simultânea

Nos últimos anos, o Poder Judiciário tem se deparado com uma situação que, embora pareça muito inusitada, é uma realidade não só aqui, mas em inúmeros lugares do mundo: a existência de famílias simultâneas. Apesar da semelhança com histórias de novela, o fato de algumas pessoas terem duas famílias, que se conhecem e se dão muito bem, tem chegado ao conhecimento do Judiciário com bastante frequência. Essa seria a situação de um homem que tem esposa e filhos na cidade do Rio de Janeiro, bem como mulher e filhos na cidade de São Paulo, por exemplo.

Os entraves para o reconhecimento desse tipo de entidade familiar encontram lastro na necessidade de existirem apenas relações monogâmicas, como acontece na maioria dos países ocidentais.

A correta análise das famílias simultâneas exige certo grau de atenção dos estudiosos, sob pena de haver confusão com a questão envolvendo o casamento poligâmico. Note que, embora todo casamento poligâmico represente uma espécie de família simultânea, nem todas as famílias simultâneas decorrem de um casamento poligâmico. Entender esse ponto é essencial à adequada compreensão dessa espécie familiar, que pode apresentar importantes pontos de convergência com o modelo tradicional.

Mas, então, quais são as diferenças fundamentais entre o casamento poligâmico e as famílias simultâneas? O casamento poligâmico decorre obrigatoriamente de mais de um casamento, que pode ser considerado inválido, ilegal ou até mesmo crime, ao passo que as famílias simultâneas, em geral, são formadas a partir de um casamento e de uma união estável ou de duas uniões estáveis.

Como vimos, a partir do momento em que o Brasil adota a monogamia civil, as relações matrimoniais reconhecidas são apenas aquelas formadas por duas pessoas, sob pena da configuração do crime de bigamia. Contudo, nem todas as relações têm por base o casamento. Ademais, o direito penal não pode alcançar situações diferentes daquelas que se encaixem perfeitamente no tipo legal. É por isso que a proibição legal de se casar com mais de uma pessoa não impede a existência concomitante de um casamento e uma união estável, ou mesmo de duas uniões estáveis.

Nenhuma dessas situações representa a quebra da monogamia cível ou o crime de bigamia tipificado no art. 235 do Código Penal, já que o tipo legal trata especificamente do casamento.

Assim, no mundo dos fatos, é plenamente possível que alguém mantenha famílias simultâneas sem que isso represente afronta à legislação criminal.

Desse modo, o grande problema das famílias simultâneas não está exatamente na forma de sua constituição, mas no fato de que, muitas vezes, uma família desconhece a existência da outra. Você já deve ter visto em algum filme ou série a seguinte situação: um homem morre, e a esposa está chorando sobre o caixão, até que chega outra mulher e alega ser a verdadeira esposa do falecido. Uma não sabia da existência da outra, iniciando-se, então, uma disputa pelos bens deixados pelo *de cujus*.

Muitos gostam de dizer que a vida imita a arte, e isso é verdade. Não são raros, na praxe forense, os casos envolvendo disputa patrimonial quando, após o falecimento do companheiro ou marido, se descobre que ele tinha outra família. Essa é uma realidade que os tribunais estão enfrentando nos últimos anos e que representa uma real tendência para os próximos.

Embora o fato de uma família ter conhecimento da outra facilite as coisas, não torna a questão completamente simples. Em uma decisão proferida no ano de 2020, a 8ª Câmara Cível do Tribunal de Justiça do Rio Grande do Sul (TJRS) deu provimento ao recurso de uma mulher que buscava o reconhecimento da união estável com um homem casado que havia falecido. Com base na análise dos autos, os desembargadores constataram a existência de famílias simultâneas, e cada uma delas tinha pleno conhecimento da existência da outra (TJRS, 2020).

Em seu voto, consignou o desembargador José Antônio Daltoé Cesar que estava devidamente comprovada a existência de duas entidades familiares, considerando que "se a esposa concorda em compartilhar o marido em vida, também deve aceitar a divisão de seu patrimônio após a morte, se fazendo necessária a preservação do interesse de ambas as células familiares constituídas" (TJRS, 2020).

Conforme é possível observar, mesmo sabendo que o marido tinha outra família e tendo aceitado essa situação por anos, a esposa se recusou a dividir o patrimônio do *de cujus*, sendo necessária a intervenção judicial.

Mas o entendimento expresso pelo TJRS não é o majoritário. Também no ano de 2020, o STF, analisando o RE n. 1.045.273, em sede de repercussão geral, decidiu pelo não reconhecimento da existência de famílias simultâneas no Brasil:

> O Tribunal, por maioria, apreciando o Tema 529 da repercussão geral, negou provimento ao recurso extraordinário, nos termos do voto do Relator, vencidos os Ministros Edson Fachin, Roberto Barroso, Rosa Weber, Cármen Lúcia e Marco Aurélio. Em seguida, foi fixada a seguinte tese: "A preexistência de casamento ou de união estável de um dos conviventes, ressalvada a exceção do artigo 1.723, § 1º, do Código Civil, impede o reconhecimento de novo vínculo referente ao mesmo período, inclusive para fins previdenciários, em virtude da consagração do dever de fidelidade e da monogamia pelo ordenamento jurídico-constitucional brasileiro". Plenário, Sessão Virtual de 11.12.2020 a 18.12.2020. (Brasil, 2021b)

Tendo em vista essa decisão, é bem possível que a discussão sobre o reconhecimento das famílias simultâneas perca força nos próximos anos, mas chegará um momento em que ela precisará ser reavaliada. Ademais, é interessante notar que cinco dos onze ministros votaram em sentido contrário, o que demonstra que existe grande possibilidade de a questão ser decidida de modo diverso futuramente.

As dificuldades para reconhecer esse tipo de família são culturais. Como ensina Dias (2021, p. 641),

> A corrente mais conservadora, invocando o princípio monogâmico – que princípio não é – e os deveres de lealdade e fidelidade, nega a existência de uniões estáveis mantidas paralelamente ao casamento e a possibilidade de concessão de qualquer direito aos parceiros. A dificuldade de se reconhecer e legitimar as famílias simultâneas são de ordem moral e não ética. E, ao contrário do raciocínio moralista, o não reconhecimento é um prêmio a quem escolhe ter uma segunda ou terceira família, já que seu patrimônio fica "blindado" pelo casamento.

Aqui no Brasil, o exemplo mais famoso de famílias simultâneas envolveu o funkeiro Mister Catra, que, no momento de seu falecimento, teria deixado uma esposa, duas companheiras e 32 filhos. Todos tinham conhecimento sobre a existência uns dos outros e se aceitavam mutuamente.

Impossível, portanto, ignorar a existência de famílias simultâneas, mormente porque existem inúmeros direitos decorrentes dos mencionados vínculos. A questão fica ainda mais clara quando pensamos na existência de filhos nesse tipo de relação. Negar a existência das famílias simultâneas seria negar à parte dos descendentes essa condição, o que significa uma espécie de punição para aqueles que em nada contribuíram para a situação que se apresenta.

Ademais, como vimos, diferentemente do que possa parecer em um primeiro momento, as famílias simultâneas, não raro, têm conhecimento uma da outra, o que não pode ser ignorado. De outro giro, nas situações em que uma das partes ignora a existência da outra família, seria possível verificar a configuração de atentado à boa-fé.

Não parece justo, por exemplo, que uma mulher que acreditou por anos ser a única esposa de um homem seja privada de qualquer direito sucessório após a morte deste pelo simples fato de que existia outra família anteriormente constituída. Ao passo que o causador de todo o imbróglio morre sem sofrer qualquer consequência, aquele que fica pode ser punido duplamente, já que, além de descobrir que foi enganado, não terá direito a qualquer bem ou direito deixado pelo *de cujus*.

2.1.4 Família poliafetiva

Muito se tem falado sobre o poliamor nos últimos anos, existindo vários exemplos na internet de pessoas que escolheram seguir esse estilo de vida. A família poliafetiva é aquela composta por três ou mais pessoas, unidas por vínculos afetivos e sexuais, que vivem juntas com o intuito de constituir uma entidade familiar. Segundo Dias (2021, p. 452),

> Os termos são muitos: poliamor, poliamorismo, família poliafetiva ou poliamorosa. O formato de tais arranjos familiares também. No entanto, todas a formas de amar que fogem ao modelo convencional da heteronormatividade e da singularidade são alvo da danação religiosa e, via de consequência, da repulsa social. Tal enseja o silêncio do legislador ou a expressa exclusão de direitos. Nada mais do que uma vã tentativa de condenar à invisibilidade formas de amor que se afastem do modelo monogâmico.

Esse tipo de relacionamento é o que, nos dias de hoje, recebe a denominação de trisal e pode ser encontrado facilmente na internet. A família poliafetiva difere do conceito de família simultânea pois na primeira existe apenas uma unidade familiar, enquanto na segunda existem duas, que muitas vezes não se conhecem.

Embora pareça uma situação mais simples, a família poliafetiva enfrenta os mesmos desafios que a família simultânea, não sendo completamente reconhecida pelo ordenamento jurídico brasileiro. Essa situação, contudo, tende a mudar nos próximos anos, sendo importante que seu funcionamento seja compreendido por todos aqueles que atuam ou pretendam atuar na resolução consensual de conflitos familiares.

2.1.5 Família monoparental

A família monoparental é aquela constituída por um dos genitores e seus filhos, contando com proteção constitucional, conforme estabelece o art. 226, parágrafo 4º, da Constituição Federal de 1988:

> Art. 226. A família, base da sociedade, tem especial proteção do Estado.
>
> [...]
>
> § 4º Entende-se, também, como entidade familiar a comunidade formada por qualquer dos pais e seus descendentes. (Brasil, 1988)

Diversas situações podem levar à existência de famílias monoparentais. No Brasil, é bastante comum que mulheres criem seus filhos sozinhas, em decorrência do abandono da família pelo genitor. A situação também pode ser resultado da morte de um dos genitores. Em países que vivem em guerra, é bastante comum que este seja um motivo para a constituição da família monoparental.

Os casos mencionados anteriormente, em regra, representam fatos difíceis e conturbados, em que a família monoparental é formada em virtude de algo indesejado, como a morte e o abandono. Embora essa seja a realidade na maior parte dos casos, as famílias monoparentais podem também ser o resultado de uma decisão pessoal.

Nos últimos anos, vem se popularizando a chamada *reprodução independente*, em que mulheres, utilizando técnicas de reprodução assistida, realizam o sonho da maternidade mesmo quando não têm um parceiro.

Do mesmo modo, tanto homens quanto mulheres que desejam filhos mas não um relacionamento romântico cada vez mais iniciam processos de adoção, buscando realizar seus projetos de paternidade e maternidade.

Entretanto, a família monoparental não se resume às relações entre pais e filhos, podendo ela ser constituída até mesmo nas relações com crianças e adolescentes em situação de guarda.

Assim, a família monoparental é uma realidade em todos os lugares do mundo, e na maioria deles há seu reconhecimento e sua proteção legal.

Um conceito que não deve ser confundido com o que estamos analisando é o da chamada *família anaparental*, a qual é constituída por pessoas que não guardam hierarquia entre gerações, como no caso de famílias constituídas por irmãos, por exemplo. A correta distinção dos institutos embasa-se, pois, na verificação da existência de hierarquia.

2.1.6 Família anaparental

A família anaparental pode ser formada por pessoas que têm relação de parentesco e vivem sob o mesmo teto, como irmãos, por exemplo. Ademais, um traço relevante desse tipo de unidade é que não existe hierarquia geracional entre seus integrantes. A respeito desse tema, situação interessante é apontada por Dias (2021, p. 455):

A convivência sob o mesmo teto, durante longos anos, por exemplo, de duas irmãs que conjugam esforços para a formação do acervo patrimonial, constitui uma entidade familiar. Na hipótese de falecimento de uma delas, descabe dividir os bens igualitariamente entre todos os irmãos, como herdeiros colaterais, em nome da ordem de vocação hereditária. Também reconhecer a mera sociedade de fato e invocar a Súmula 380, para conceder somente a metade dos bens à sobrevivente, gera flagrante injustiça para com quem auxiliou a amealhar o patrimônio. A solução que se aproxima de um resultado justo é conhecer à irmã, com quem a falecida convivia, a integralidade do patrimônio, pois ela, em razão da parceria de vidas, antecede aos demais irmãos na ordem de vocação hereditária. Ainda que inexista qualquer conotação de ordem sexual, a convivência identifica comunhão de esforços, cabendo aplicar, por analogia, as disposições que tratam do casamento e da união estável.

Perceba, no entanto, que a hipótese apresentada, embora demonstre justiça e respeito ao princípio da afetividade, não está prevista em lei. Em regra, os irmãos herdarão por igual se não existir testamento.

Por outro lado, pode acontecer de os demais irmãos reconhecerem isso como uma questão de justiça ou, ainda, de a irmã sobrevivente requerer, por uma questão de justiça, que a questão seja assim resolvida.

Em casos como esse, indubitável a importância da mediação, que poderá servir como um mecanismo essencial para que cada um dos irmãos entenda a situação de forma mais clara. Nesse caso, caberá ao mediador, por meio de diversas técnicas, facilitar o diálogo entre as partes, para que elas consigam entrar em um consenso.

2.1.7 Família mosaico

A família mosaico é aquela formada por indivíduos que anteriormente estiveram em outro núcleo familiar que foi desfeito. Essa é outra situação bastante comum nos dias de hoje, principalmente porque os divórcios nunca foram tão frequentes.

Assim, digamos, por exemplo, que uma mulher se case e, nesse primeiro casamento, tenha três filhos. Posteriormente, ela se separa e conhece um homem que também já foi casado antes e, nessa união, tem dois filhos. Eles resolvem se casar e, com isso, unir as famílias.

É dessa maneira que se forma a família mosaico – a partir de um grupo de indivíduos advindos de outras famílias que se desfizeram parcialmente.

2.1.8 Família multiparental

A família multiparental consiste naquela em que há mais de uma mãe e/ou mais de um pai no registro de nascimento de uma pessoa. Ela depende de autorização judicial para se estabelecer.

Em abril de 2022, ganhou repercussão o caso de um trisal de Bragança Paulista, em São Paulo, que buscou a justiça com o intuito de viabilizar que, no registro do filho recém-nascido, constasse o nome do pai e de duas mães.

Note que, embora a família poliafetiva não tenha sido amplamente reconhecida, a multiparentalidade, que é o registro de mais de uma mãe ou mais de um pai na certidão de nascimento, é possível pela via judicial.

2.1.9 Família multiespécie

Não há dúvidas quanto às significativas contribuições dos animais de estimação para o desenvolvimento emocional, psicológico e físico dos seres humanos durante os séculos.

Em razão de estarem cada vez mais próximos aos seres humanos, vêm ganhando, nos últimos anos, o *status* de verdadeiros membros da família, o que tem sido reconhecido pelo Poder Judiciário mediante a análise de inúmeros casos concretos.

Ainda que não exista disposição legal expressa sobre o tema, são cada vez mais comuns ações judiciais que buscam a definição da guarda, do direito de visitas e de alimentos aos animais de estimação após a dissolução do casamento ou da união estável. Nesses casos, para resolver a questão, são utilizadas as mesmas normas atinentes aos direitos relacionados aos filhos.

E aqui é importante consignar que esses direitos não se restringem a cães e gatos, mas abrangem todo animal de estimação que tiver criado um vínculo de afeto com seus tutores.

Essa questão foi objeto do Enunciado n. 11 do Instituto Brasileiro de Direito de Família (IBDFAM), com a seguinte redação: "Na ação destinada a dissolver o casamento ou a união estável, pode o juiz disciplinar a custódia compartilhada do animal de estimação do casal" (IBDFAM, 2023).

Observe que o vínculo afetivo entre os animais de estimação e seus tutores é tão forte que muitos os tratam como verdadeiros filhos, não raro tendo atitudes extremamente corajosas para defendê-los.

No ano de 2021, ficou famoso o caso de uma mulher americana que enfrentou um urso para salvar seus cães de estimação e, embora essa tenha sido uma atitude muito corajosa, em uma busca pela internet fica claro que isso não é uma exceção.

Destarte, essa tendência a reconhecer os animais de estimação como efetivos membros da família não passou despercebida pelo Poder Legislativo brasileiro. Em 2021, foi apresentado na Câmara dos Deputados o Projeto de Lei n. 4.375/2021, que busca regulamentar a guarda dos animais de estimação após o rompimento da sociedade conjugal (Brasil, 2021a).

É possível verificar, portanto, que o reconhecimento da família multiespécie, inclusive com a elaboração de legislação específica sobre o tema, é uma das grandes tendências do direito para os próximos anos.

2.2 Violência vivenciada pelas mulheres dentro das famílias

Nos últimos anos, vêm se avolumando nos noticiários histórias de mulheres que são agredidas ou mortas pelos parceiros. Embora esse tipo de notícia ainda seja uma novidade nas telas, dentro das casas das famílias essa violência sempre existiu. Você certamente sabe da história de alguma mulher que sofreu violência – pode ser sua avó, sua mãe ou uma amiga.

A situação da mulher dentro das famílias mudou muito desde que as primeiras sociedades foram formadas. Se, em um primeiro momento, houve alguma espécie de superioridade das mulheres, decorrente do fato de o vínculo materno ser o único conhecido das novas gerações, é muito difícil conseguir observar algum resquício dessa situação.

Assim, depois de a mulher perder seu protagonismo dentro das famílias, passou a ser mero objeto de propriedade de seu pai e, posteriormente, de seu marido, passando a enfrentar um período de submissão e violência veladas.

Podemos dizer que, no Brasil, essa situação começou a mudar após a entrada em vigor da Lei n. 11.340/2006, denominada Lei Maria da Penha.

O caso paradigmático que deu ensejo à criação da lei foi o da farmacêutica cearense Maria da Penha Mia Fernandes. Em 1983, enquanto dormia, Maria foi atingida por um tiro nas costas, disparado pelo seu marido, o colombiano naturalizado brasileiro Marco Antonio Heredia Viveros, que a deixou paraplégica. Posteriormente, Marco tentou eletrocutar Maria durante o banho (IMP, 2023).

Em decorrência de seus crimes, Marco permaneceu apenas dois anos preso. Contudo, Maria levou o caso às cortes internacionais, e a Comissão Interamericana de Direitos Humanos da Organização dos Estados Americanos (OEA), em 2001, responsabilizou o Brasil por omissão, negligência e tolerância à violência doméstica. Como pena, foi determinada a criação de uma lei para coibir esse tipo de violência (IMP, 2023).

Como reflexo desse caso, e de inúmeros outros, a situação da mulher vem sendo modificada em todo o mundo, porém ainda de modo bastante tímido. No Brasil já existem delegacias especializadas no atendimento das mulheres vítimas de violência doméstica, núcleos e casas de apoio, programas que visam conscientizar as pessoas da gravidade desses atos, entre outros. Ainda que essas iniciativas não resolvam o problema, auxiliam no combate a essa prática tão deplorável.

2.2.1 Violência doméstica

De acordo com informações do Ministério da Mulher, da Família e dos Direitos Humanos, divulgadas pelo portal G1, somente no ano de 2020 foram registradas 105.821 (cento e cinco mil oitocentos e vinte e uma) denúncias de violência contra mulheres no Brasil (Martello, 2021). Já em relação ao feminicídio, no ano de 2021 ocorreram, pelo menos, 1.341 (mil trezentos e quarenta e um) casos, o que representa 1 (um) caso a cada 7 (sete) horas (Farias, 2022).

Os números assustam, mas, infelizmente, essa não é a realidade apenas do Brasil, considerando-se que até mesmo em países desenvolvidos, como o Japão, a situação é preocupante.

Segundo relatório da Organização das Nações Unidas (ONU), divulgado pela revista *Exame* em 2014, enquanto na maior parte do mundo as vítimas de homicídios, em sua maioria, são os homens, no Japão esse lugar é ocupado pelas mulheres, que correspondem a mais de 50% (cinquenta por cento) dos casos (Souza, 2014).

Esse tipo de situação é realmente preocupante, pois representa crimes que ocorrem dentro dos núcleos familiares, ou seja, no local em que deveria haver proteção, cuidado e afeto.

Outra questão relevante é que a violência apresenta inúmeras facetas, não se resumindo à física. Ela pode ser também econômica, social, psicológica, entre outras. Em qualquer caso, os efeitos podem ser devastadores para as vítimas, razão pela qual é um dever do Estado e da sociedade combater essa prática em todos os seus ângulos.

2.2.2 Circuncisão feminina

Além das violências já bastante conhecidas, como a física, a psicológica e a sexual, há inúmeras outras mundo afora. É possível que você nunca tenha ouvido falar em mutilação genital feminina, ou circuncisão feminina, mas ela existe e é uma triste realidade em inúmeros países do mundo, ainda que ocorra com mais frequência na África e no Oriente Médio.

A prática consiste na remoção da genitália (lábios e clitóris) de meninas de cerca de 12 anos, com o objetivo de preservar a virgindade, deixá-las prontas para o casamento e ampliar o prazer masculino.

Em geral, as mulheres de uma família, percebendo que a menina está alcançando a puberdade, reúnem-se e, à força, realizam o procedimento com uma navalha, sem anestesia ou cuidados hospitalares posteriores. Em razão disso, não são raros os casos em que as jovens acabam falecendo.

Os relatos sobre casos envolvendo a mutilação genital são muito revoltantes, pois o procedimento causa dores físicas e emocionais eternas nas mulheres. Outros efeitos da mutilação são ciclos menstruais irregulares, infecções recorrentes, problemas na bexiga e impossibilidade de ter filhos por parto normal.

Conforme matéria publicada pela BBC em 2019, "O sofrimento da mutilação genital feminina é uma realidade para cerca de 200 milhões de meninas e mulheres que vivem hoje, de acordo com a Organização das Nações Unidas (ONU)" (Ontiveros, 2019).

Buscando-se a maior conscientização sobre a prática, o dia 6 de fevereiro foi escolhido com o Dia Internacional de Tolerância Zero para a Mutilação Genital Feminina.

Dar visibilidade à questão é um passo importante em direção à modificação das crenças religiosas e culturais que justificam esse tipo de violência, que ocorre dentro das famílias e somente traz malefícios às mulheres.

2.2.3 Casamento infantil

Quando pensamos em casamento infantil, eventualmente imaginamos que essa é uma situação muito distante de nossa realidade e que deve ocorrer, na maioria das vezes, em países pobres da África e Ásia. Em razão disso, gera espanto em muitas pessoas saber que o Brasil é o 4º país do mundo em que mais se estabelece esse tipo de união.

Note, entretanto, que estamos utilizando o termo *casamento* de forma genérica, pois, obviamente, não é possível que uma pessoa case antes de completar a idade núbil; a união estável de adultos com crianças, porém, é uma triste realidade.

O maior número de casamentos infantis no mundo envolve meninas, que, muitas vezes, não têm 12 anos. Elas são entregues em matrimônio a homens mais velhos em troca de bens, terras ou dinheiro. Os fatores determinantes para esse tipo de união, em geral, estão relacionados com a pobreza e a falta de oportunidades, mas existem casos em que isso é feito por uma questão cultural.

Em 2016, a BBC noticiou o caso de uma menina de 6 anos que foi entregue por seus pais a um homem de cerca de 40 anos em troca de uma cabra. A situação ocorreu em uma área rural do Afeganistão e veio à tona depois de os vizinhos do homem alertarem as autoridades. O homem e os pais da menina foram presos, e ela foi encaminhada a um abrigo (Menina..., 2016).

Mas esse desfecho é uma exceção. Na grande maioria dos casos, o casamento ocorre na clandestinidade, tendo, até mesmo, o apoio da comunidade que vive no entorno.

Perceba, por fim, que esses são apenas alguns casos de violência contra as mulheres que acontecem dentro das famílias. Existem vários outros tipos, cada um deles com consequências desastrosas para todas as sociedades.

2.3 Família e cultura

A família passou por inúmeras transformações durante os séculos, o que se coaduna com o contexto social e histórico em que ela esteve inserida. Não por acaso, a palavra *cultura* deriva de *cultivo* – aqueles costumes, crenças e características que são semeados dentro dos indivíduos crescem e se multiplicam para as próximas gerações. No entanto, assim como na agricultura, a cultura familiar também sofreu inúmeros melhoramentos com o passar do tempo.

Como vimos, no Brasil existe uma infinidade de espécies de famílias. Algumas delas são reconhecidas pelo ordenamento jurídico, enquanto outras existem, por ora, apenas no mundo dos fatos.

No âmbito mundial, as questões são ainda mais complexas, dando a impressão de que cada país vive em uma época diferente. Nos países árabes, por exemplo, a regra é que a família seja constituída por um homem, uma mulher e seus filhos, divergindo da maioria dos países ocidentais, em que as relações homoafetivas são legalizadas.

Outro ponto interessante diz respeito ao sentimento ensejador da união das pessoas. Em que pese o fato de o amor e a paixão serem uma realidade por aqui, há países como a Índia em que ainda são comuns casamentos arranjados, existindo, inclusive empresas especializadas em procurar pretendentes.

De outro modo, na maioria dos países do mundo vige a monogamia; entretanto, a poligamia é bastante comum em países de origem árabe, em que cada homem pode ter mais de uma esposa, contanto que tenha condições de sustentar a todas de forma adequada.

Nem mesmo a relação dos pais com seus filhos tem um tratamento homogêneo. Em países como os Estados Unidos, a questão cultural determina que os filhos saiam de casa cedo, para fazer faculdade ou mesmo trabalhar. No Brasil, como se sabe, as famílias tendem a permanecer juntas por longos períodos, mesmo após a formação dos filhos ou o nascimento de netos. Diferentemente, na cultura indiana, é comum que o casal recém-casado passe a morar com os pais do marido.

Assim, o mundo está repleto de tipos diferentes de famílias, como resultado das culturas existentes.

2.4 Desafios do direito das famílias nos próximos anos

Indubitável que a família e, por conseguinte, o direito que a rege passaram por significativas transformações nos últimos séculos, sendo perceptível o avanço em determinados aspectos em diversos lugares do mundo.

Sabemos, todavia, que muito ainda precisa ser realizado para chegarmos à situação ideal, na qual a liberdade de todos os indivíduos é respeitada. Embora já existam leis e tratados que visam à garantia da dignidade da pessoa humana dentro das unidades familiares, eles não têm tido força suficiente para resolver inúmeras questões que se apresentam.

Além disso, a evolução na garantia dos direitos segue em ritmos diferentes em cada lugar do mundo, e existem lugares em que alguns membros da família, como filhos e mulheres, ainda vivem em uma condição de submissão semelhante ao que acontecia no século XIX.

Contudo, a sociedade continua se movendo, e a expectativa é que diversas situações sejam modificadas nos próximos anos, com a finalidade de se adequarem aos princípios de direitos humanos. Nesta seção, trataremos de algumas delas.

2.4.1 Igualdade entre homens e mulheres

Não restam dúvidas de que a igualdade entre homens e mulheres dentro das famílias é um ponto muito importante a ser considerado. Mesmo nos países em que a igualdade existe legalmente, ela não é observada no plano prático.

Em uma esfera global, os números referentes à violência doméstica ainda são impressionantes, mesmo quando tratamos de países de Primeiro Mundo.

Nesse sentido, um dos desafios do direito em âmbito internacional é garantir às mulheres a igualdade de oportunidades em relação aos homens, bem como o respeito à sua integridade física e moral.

Sabemos que o Brasil é um país muito desigual e violento, mas, infelizmente, essa é a realidade em todos os lugares do mundo. Trata-se da disseminação de uma cultura equivocada que precisa ser afastada, para que todos os integrantes do núcleo familiar se sintam protegidos, acolhidos e respeitados.

2.4.2 Pessoas LGBTQIA+

Os relacionamentos interpessoais, sentimentais e amorosos nunca foram uma questão simples de delimitar, embora, por muitos séculos, aqueles que estavam no poder, influenciados principalmente pelas religiões, tenham estabelecido que somente uma forma era lícita: os heterossexuais.

Em razão disso, sempre que alguém tentava sair dessa "caixa", sofria forte condenação por parte de toda a sociedade. O mesmo tratamento, ou até pior, era dispensado àqueles que ousavam questionar seu próprio sexo biológico, visto que sua identidade de gênero era outra.

Nem mesmo aqueles que contribuíram de maneira relevante para a humanidade foram poupados. Esse, aliás, foi o caso do famoso matemático e cientista da computação Alan Turing, que desenvolveu uma máquina capaz de decodificar as mensagens enviadas pelos nazistas e, por suas contribuições, é considerando um dos grandes responsáveis pela vitória dos Aliados na Segunda Guerra Mundial.

Apesar disso, foi processado judicialmente em 1952 por atos homossexuais que atentavam contra a Emenda Labouchere, de 1885, aprovada no Reino Unido. Em alternativa à prisão, aceitou ser submetido à castração química.

Tanto os relacionamentos homoafetivos quanto a questão envolvendo a diferença entre o sexo biológico e a identidade de gênero sempre existiram, mas, em pleno século XXI, continuam sendo um tabu em grande parte do mundo. Muitos relacionamentos dessa espécie acontecem na clandestinidade, em decorrência, muitas vezes, do peso do julgamento social. Ademais, em alguns países, as relações são punidas até mesmo com pena de morte.

A interferência do Estado na vida privada dos indivíduos ainda representa um grande perigo às liberdades individuais, ferindo frontalmente a dignidade da pessoa humana.

Sabe-se que os relacionamentos homoafetivos sempre existiram, e continuarão existindo. Cabe, então, a cada Estado aprender a lidar melhor com essa realidade, permitindo que seus cidadãos possam viver de modo livre e seguro, visto que até mesmo nos países em que os relacionamentos homoafetivos são permitidos por lei a violência é latente.

Segundo dados do Observatório de Mortes e Violências contra LGBTI+, divulgados pela CNN, no ano de 2021 cerca de 316 pessoas LGBTI+ morreram por causas violentas no Brasil (Souza, 2022).

Todos os anos, centenas de pessoas são agredidas e mortas pelo simples fato de serem elas mesmas e, muitas vezes, nem mesmo dentro das famílias as pessoas encontram aceitação e respeito.

Portanto, promover a inclusão, o respeito e a liberdade das pessoas LGBTQIA+ é um dos mais importantes desafios do direito das famílias nos próximos anos.

2.4.3 Direitos das crianças e dos adolescentes

Lamentavelmente, a situação das crianças e dos adolescentes não foi resolvida pela criação de leis ou pela elaboração de convenções. Ainda hoje, em todo o mundo existem pais que vendem seus filhos, agridem seus descendentes sem motivo, realizam mutilações com funções exclusivamente culturais, dão a criança ou o adolescente em casamento para adultos etc.

O que dificulta a identificação desse tipo de situação é que: (a) ocorre de maneira velada dentro do seio familiar; e (b) é aceito pela sociedade local.

Vale ressaltar que essas situações de violência contra a criança não são exclusividade dos países em desenvolvimento, embora aconteçam neles com maior frequência.

Em janeiro de 2021, ficou famosa no mundo inteiro a história de uma garçonete brasileira que ajudou a salvar um menino de 11 anos, em Orlando, Estados Unidos, dos maus-tratos que recebia da mãe e do padrasto.

Em vários países de cultura africana, como já destacamos, meninas passam pela mutilação genital feminina, também conhecida como *circuncisão feminina*, na qual seus órgãos sexuais externos são retirados, muitas vezes com a utilização de uma lâmina, sem anestesia ou cuidados médicos. Muitas morrem em razão do procedimento, que tem como única função prepará-las para o casamento.

Também é comum, em vários lugares do mundo, que meninas sejam entregues em casamento para homens muito mais velhos, na maioria das vezes, em troca de dinheiro ou de algum bem material.

Assim, um dos desafios do século XXI é garantir a proteção adequada a todas as crianças e adolescentes.

2.4.4 Famílias simultâneas e poliafetivas

Por fim, o desafio que se encontra mais próximo da realidade do Brasil diz respeito ao reconhecimento das famílias simultâneas e dos relacionamentos poliafetivos, bem como à garantia de direitos a todas as pessoas envolvidas nesse tipo de união.

A existência das famílias simultâneas é uma realidade em todo o mundo, cabendo ao direito adaptar-se a ela. No mesmo sentido seguem as relações fundadas no poliamor.

Note que, muitas vezes, a família simultânea não só existe como também é de conhecimento de todos os envolvidos na relação. Nesse caso, há de ser considerada a boa-fé dos envolvidos, afastando-se eventuais diferenciações entre as uniões em razão da data de seu início.

Por óbvio, o direito das famílias passará por inúmeros outros desafios neste século, alguns que nem mesmo conseguimos prever no presente estudo, pois serão o reflexo de uma realidade futura.

Certo é que toda a sociedade terá de estar preparada para ajudar a solucionar todos esses dilemas e conflitos mais adequadamente.

> **CONSULTANDO A LEGISLAÇÃO**
>
> BRASIL. Constituição (1988). **Diário Oficial da União**, Brasília, DF, 5 out. 1988. Disponível em: <https://www.planalto.gov.br/ccivil_03/constituicao/constituicao.htm>. Acesso em: 15 mar. 2023.
>
> BRASIL. Lei n. 8.069, de 13 de julho de 1990. **Diário Oficial da União**, Poder Legislativo, Brasília, DF, 16 jul. 1990. Disponível em: <https://www.planalto.gov.br/ccivil_03/leis/l8069.htm>. Acesso em: 15 mar. 2023.
>
> BRASIL. Lei n. 10.406, de 10 de janeiro de 2002. **Diário Oficial da União**, Poder Legislativo, Brasília, DF, 11 jan. 2002. Disponível em: <https://www.planalto.gov.br/ccivil_03/leis/2002/l10406compilada.htm>. Acesso em: 15 mar. 2023.
>
> BRASIL. Lei n. 13.105, de 16 de março de 2015. **Diário Oficial da União**, Poder Legislativo, Brasília, DF, 17 mar. 2015. Disponível em: <https://www.planalto.gov.br/ccivil_03/_ato2015-2018/2015/lei/l13105.htm>. Acesso em: 15 mar. 2023.

SÍNTESE

O ordenamento jurídico brasileiro passou por uma verdadeira evolução nos últimos anos. A família tradicional, composta por um homem e uma mulher unidos pelo casamento, bem como por sua prole, deixou de ser a única aceita nesse contexto. Hoje, podemos falar em famílias homoafetivas, simultâneas, poliafetivas, monoparentais, anaparentais, mosaico, multiparentais e multiespécies, embora ainda exista resistência do ordenamento jurídico ao reconhecimento de algumas delas.

Certo é que essa abertura representa um verdadeiro avanço, mormente porque implica o pleno reconhecimento da dignidade das pessoas envolvidas nas relações. Ademais, é sempre importante pensar: Até onde o Estado tem poder para regular as relações estritamente privadas e que não representam qualquer risco ou afronta aos outros indivíduos?

Assim, é provável que, nos próximos anos, haja previsão legal quanto à existência das famílias poliafetivas, simultâneas e multiespécies, por exemplo, o que trará maior segurança jurídica para os indivíduos.

Questões para revisão

1) É considerado um avanço no campo do direito das famílias nos últimos anos:

   a. o reconhecimento da união estável como unidade familiar.
   b. a igualdade entre os filhos, desde que biológicos.
   c. a equiparação da família simultânea à família tradicional em todos os aspectos.
   d. o reconhecimento das famílias homoafetivas, constituídas apenas pela união estável.

2) Embora exista de fato, ainda encontra resistência para seu reconhecimento pelo ordenamento jurídico:

   a. a família tradicional.
   b. a família homoafetiva.
   c. a família simultânea.
   d. a família monoparental.

3) Qual foi o primeiro país a permitir o casamento entre pessoas do mesmo sexo?

   a. França (1976).
   b. Dinamarca (1989).
   c. Estados Unidos (2000).
   d. Holanda (2001).

4) O que é família multiespécie?

5) Em que consiste a família poliafetiva?

Questões para reflexão

1) Quais são os possíveis motivos para a resistência ao reconhecimento das famílias simultâneas?

2) Quais são os problemas decorrentes do reconhecimento da família tradicional como a única configuração possível para a constituição de uma unidade familiar?

III

Conteúdos do capítulo:

» Princípio da dignidade da pessoa humana.
» Princípio da solidariedade.
» Princípio da igualdade.
» Princípio da afetividade.
» Princípio da convivência familiar.
» Princípio do melhor interesse da criança e do adolescente.
» Princípio da não intervenção.

Após o estudo deste capítulo, você será capaz de:

1. compreender a importância do princípio da dignidade da pessoa humana para a instituição das unidades familiares atualmente reconhecidas pelo ordenamento jurídico brasileiro;
2. reconhecer como o princípio da solidariedade foi essencial para o desenvolvimento das famílias e da sociedade;
3. entender a razão de o princípio da igualdade dentro da família ser essencial para seu equilíbrio;
4. compreender por que o princípio da afetividade é fundamental na constituição das famílias nos dias de hoje;
5. perceber a importância da convivência familiar para o desenvolvimento humano;
6. depreender as razões pelas quais o princípio do melhor interesse da criança e do adolescente deve ser visto com primazia, não apenas pela família como também pela sociedade em geral.

Princípios do direito das famílias

Os princípios funcionam como ponto de partida para todos os institutos do ordenamento jurídico, e o mesmo ocorre com o direito das famílias. Além disso, são eles que ditam a direção que precisamos seguir para cumprir aquilo que se espera das instituições. Uma norma é composta de princípios e regras. As regras são fixas, e os princípios são dinâmicos. Se existe o conflito entre duas regras, apenas uma delas deve ser aplicada. Ademais, havendo conflito entre princípios, é possível, muitas vezes, harmonizá-los.

> **PARA SABER MAIS**
>
> Indicamos a obra a seguir para o aprofundamento do tema deste capítulo.
>
> LÔBO, P. **Direito civil**: famílias. 4. ed. São Paulo: Saraiva, 2011.

Os princípios funcionam como uma bússola com o objetivo de guiar todo aquele que pretende interpretar as normas jurídicas. Algumas vezes, eles constaram expressamente no texto legal, como na Constituição Federal, que dedica todo o seu Título I aos princípios fundamentais. Outras vezes, porém, estão implícitos, ou seja, dependem de uma interpretação. Podemos citar, por exemplo, a felicidade, que, embora não conste na Magna Carta, é considerada um princípio importante para a sociedade.

Assim, conhecer os princípios que regem o direito das famílias é fundamental para a devida compreensão do instituto.

3.1 Princípio da dignidade da pessoa humana

O princípio da dignidade humana é universal e tem como objetivo impor um dever geral de respeito entre as pessoas que vivem em determinada sociedade. Esse princípio é aplicado tanto na ordem vertical, quando tratamos da relação entre o Estado e o cidadão, quanto na ordem horizontal, ou seja, na relação entre indivíduos.

Como explica Tartuce (2015), no direito privado, a dignidade da pessoa humana é mais visível no direito de família e tem como objetivo proteger um bem jurídico inestimável.

No mundo, podemos observar que esse princípio tem grande influência sobre diversas revoluções, entre elas: (a) o reconhecimento das uniões homoafetivas; (b) a condenação de pais por abandono afetivo; (c) a questão do reconhecimento da igualdade entre homens e mulheres, entre outras.

Esses são apenas alguns exemplos das aptidões desse importante princípio na regência do direito das famílias. Ademais, não existe controvérsia no fato de que ele se relaciona diretamente com os demais princípios.

3.2 Princípio da solidariedade

O princípio da solidariedade encontra fundamento no art. 3º da Constituição Federal de 1988 (Brasil, 1988) e representa a necessidade de solidariedade recíproca entre cônjuges ou companheiros, seja ela moral, seja ela material. Com relação aos filhos, a solidariedade é a garantia de que serão mantidos, instruídos e protegidos até alcançarem a maioridade.

A solidariedade é considerada um dos princípios mais importantes para a sobrevivência do homem na terra, visto que somente com a cooperação foi possível superar os desafios que se mostravam muitas vezes intransponíveis diante das peculiaridades de nossa formação biológica.

Já no âmbito do Código Civil, podemos verificar a existência do princípio da solidariedade quando se fala, por exemplo, em comunhão de vidas da família, que pressupõe a cooperação de seus membros; em adoção, que nasce com o desejo de solidariedade; e também em mútua assistência moral e material entre os cônjuges.

Note, ainda, a relação direta existente entre o princípio da solidariedade e o da dignidade da pessoa humana.

3.3 Princípio da igualdade

O princípio da igualdade tem o objetivo de garantir o equilíbrio e a justiça no seio da entidade familiar, igualdade esta que se estende às relações entre cônjuges ou companheiros, entre filhos e entre as entidades familiares.

Atualmente, a Constituição Federal garante de modo claro a igualdade entre homens e mulheres; a igualdade entre companheiros; a igualdade dos companheiros em relação aos cônjuges; e a igualdade entre os filhos, quaisquer que sejam suas origens, abrangidos aqui também os adotivos.

A questão é tão relevante que consta como um dos 17 Objetivos das Nações Unidas para o Desenvolvimento Sustentável: "Objetivo 5. Alcançar a igualdade de gênero e empoderar todas as mulheres e meninas" (Nações Unidas Brasil, 2023).

3.4 Princípio da afetividade

A afetividade é considerada de grande relevância para a maioria das civilizações mundiais, sendo mais evidente naquelas de cultura latina. A partir da aplicação do princípio da afetividade, podem ser verificados vários outros princípios, como a dignidade humana, a convivência familiar e a igualdade entre cônjuges. É o princípio que justifica a convivência familiar na maior parte do mundo.

Não há de se confundir afetividade com afeto em termos psicológicos. A afetividade é presumida nas relações familiares, seja entre pais e filhos, seja entre cônjuges ou companheiros, e essa presunção só finda ou com o falecimento, no primeiro caso, ou com o fim da convivência, no segundo.

3.5 Princípio da convivência familiar

O princípio da convivência familiar diz respeito à convivência entre as pessoas em um espaço físico que pode ser denominado *lar*. Muitas vezes, os fatos da vida impossibilitam as pessoas de viverem juntas, e esse "lugar" seria então o porto seguro para os membros da família.

Contudo, a convivência precisa ser qualificada, não bastando que as partes apenas vivam sob o mesmo teto ou estejam juntas nos dias de visita. É essencial, especialmente com relação às crianças e aos adolescentes, que haja um sentimento de segurança e afeto, bem como que pais e filhos desenvolvam atividades juntos, com o intuito de desenvolver habilidades intelectuais, emocionais e físicas.

3.6 Princípio do melhor interesse da criança e do adolescente

O princípio do melhor interesse da criança e do adolescente encontra fundamento no art. 227 da Constituição Federal, segundo o qual é dever da família, da sociedade e do Estado assegurar à criança e ao adolescente a prioridade dos direitos ali enumerados. *In verbis*:

> Art. 227. É dever da família, da sociedade e do Estado assegurar à criança, ao adolescente e ao jovem, com absoluta prioridade, o direito à vida, à saúde, à alimentação, à educação, ao lazer, à profissionalização, à cultura, à dignidade, ao respeito, à liberdade e à convivência familiar e comunitária, além de colocá-los a salvo de toda forma de negligência, discriminação, exploração, violência, crueldade e opressão. (Brasil, 1988)

Portanto, é dever de todos assegurar o bom desenvolvimento da criança e do adolescente, tendo em vista serem pessoas em desenvolvimento dotadas de dignidade humana e merecedoras de proteção em relação a todos os seus direitos, estando tal preceito previsto, inclusive, no art. 4º do Estatuto da Criança e do Adolescente.

3.7 Princípio da não intervenção

O princípio da não intervenção encontra previsão no art. 1.513 do Código Civil, que assim estabelece: "É defeso a qualquer pessoa, de direito público ou privado, interferir na comunhão de vida instituída pela família" (Brasil, 2002).

A relevância desse princípio está relacionada à vida privada da família, impedindo que outras pessoas, inclusive o Estado, interfiram indevidamente em um núcleo. Desse modo, é somente da família a decisão de se casar ou viver em união estável, de ter ou não filhos, de adotar determinada religião etc. Enquanto esse tipo de decisão não implicar real prejuízo a alguém ou mesmo afronta a outros princípios, deverá ser respeitada.

Ademais, é possível inferir que esse princípio terá grande relevância nas situações que tendem a se modificar nos próximos anos. Se não é dado a ninguém intervir na família, como é possível declarar que não existem famílias simultâneas ou poliafetivas? Impossível ignorar, portanto, que esse é um princípio será muito considerado nos próximos anos.

Consultando a legislação

BRASIL. Constituição (1988). **Diário Oficial da União**, Brasília, DF, 5 out. 1988. Disponível em: <https://www.planalto.gov.br/ccivil_03/constituicao/constituicao.htm>. Acesso em: 15 mar. 2023.

BRASIL. Lei n. 8.069, de 13 de julho de 1990. **Diário Oficial da União**, Poder Legislativo, Brasília, DF, 16 jul. 1990. Disponível em: <https://www.planalto.gov.br/ccivil_03/leis/l8069.htm>. Acesso em: 15 mar. 2023.

BRASIL. Lei n. 10.406, de 10 de janeiro de 2002. **Diário Oficial da União**, Poder Legislativo, Brasília, DF, 11 jan. 2002. Disponível em: <http://www.planalto.gov.br/ccivil_03/_ato2019-2022/2022/lei/L14406.htm>. Acesso em: 15 mar. 2023.

Síntese

Diversos princípios regem o ordenamento jurídico, e alguns, de tão relevantes, constam de modo expresso na Constituição Federal, o que fica claro com a leitura de seu Título I. Porém, existem aqueles que se dedicam mais a alguma área de atuação. No direito das famílias, conseguimos constatar de maneira bastante clara a importância de princípios como os da dignidade da pessoa humana, da solidariedade, da igualdade, da afetividade, da convivência familiar e do melhor interesse da criança e do adolescente.

Eles funcionam como uma bússola que busca guiar os intérpretes das normas para os reais objetivos pensados pelo legislador. Ademais, um ponto interessante dos princípios é que eles são cumulativos e complementares, ou seja, o ideal é que todos sejam aplicados em conjunto, e a aplicação de um não exclui a do outro.

Questões para revisão

1) O princípio segundo o qual não pode haver distinções entre filhos é denominado:

   a. dignidade da pessoa humana.
   b. solidariedade.
   c. igualdade.
   d. afetividade.

2) O princípio do melhor interesse da criança e do adolescente deve ser respeitado:

   a. apenas pela família.
   b. pela família e pelo Estado.

c. pela família e pela sociedade.
d. pela família, pela sociedade e pelo Estado.

3) Segundo o princípio da não intervenção, é defeso:

a. a qualquer pessoa de direito público intervir na família.
b. a qualquer pessoa de direito privado intervir na família.
c. a qualquer pessoa de direito público ou privado intervir na família.
d. apenas às pessoas físicas intervirem na família.
e. apenas ao Estado intervir na família.

4) Em que consiste o princípio da convivência familiar?
5) Em que consiste o princípio da solidariedade?

QUESTÕES PARA REFLEXÃO

1) Quais são as situações jurídicas que podem surgir nos próximos anos a partir da aplicação do princípio da não intervenção?

2) Qual é a importância da convivência familiar para o desenvolvimento das crianças e dos adolescentes?

IV

Conteúdos do capítulo:

» Características do casamento.
» Deveres do casamento.
» Direito matrimonial.
» Casamento de estrangeiro no Brasil.
» Casamento de brasileiros no exterior.
» Casamento por procuração.

Após o estudo deste capítulo, você será capaz de:

1. compreender o processo necessário para aqueles que pretendem se casar;
2. identificar as características e os deveres do casamento;
3. reconhecer quando um casamento pode ser considerado nulo ou anulável;
4. entender as normas que regem todo o processo de casamento.

Casamento

Entre as formas de constituição de uma família, podemos dizer que o casamento é o mais antigo e aceito em âmbito global. No Brasil, como forma de regulação da ordem pública, o legislador previu uma série de formalidades que devem ser cumpridas pelos nubentes antes da celebração do casamento. Após a união, novas responsabilidades surgem para as partes envolvidas, que devem estar dispostas a cumprir os deveres previstos em lei. Ademais, o legislador previu situações em que o casamento não pode ser realizado, com o intuito de evitar situações absurdas.

> **Para saber mais**
>
> Indicamos a obra a seguir para o aprofundamento do tema deste capítulo.
>
> DIAS, M. B. **Manual de direito das famílias**. 14. ed. Salvador: JusPodivm, 2021.

O casamento inaugura o Livro IV do Código Civil, intitulado "Do Direito de Família", integrando o Título I – "Do Direito Pessoal", considerando suas peculiaridades. Sua regulação acontece a partir do art. 1.511, que estabelece uma característica importante desse instituto: "a comunhão plena de vida, com base na igualdade de direitos e deveres dos cônjuges" (Brasil, 2002). Assim, não gera estranheza que a lei resguarde a relação contra interferências externas de quaisquer pessoas, seja de direito público, seja de direito privado (art. 1.513, Código Civil).

Como vimos anteriormente neste livro, o casamento teve real importância na evolução social que ocorreu nos últimos séculos, ainda que não seja possível ignorar os problemas que ensejaram interpretações segundo as quais esse era o único modo possível de constituir uma família.

Felizmente, no Brasil atual, esse tipo de pensamento já não é mais aceito pelo ordenamento jurídico, visto que são reconhecidas diversas formas de constituição familiar, como a união estável, as famílias monoparentais (constituídas por um dos pais e seus filhos), as anaparentais (aquelas em que não há a presença de ascendentes, como a constituída por irmãos), entre outros.

De todo modo, o casamento continua sendo a forma de constituição familiar mais tradicional e conhecida, tendo validade em todos os lugares do mundo, desde que preenchidos os requisitos legais do território em que é celebrado. É desse fato que surge a importância de um estudo cuidadoso sobre o tema.

Mas o que é o casamento? Farias e Rosenvald (2021, p. 183) assim o conceituam: "entidade familiar estabelecida entre pessoas humanas, merecedora de especial proteção estatal, constituída, formal e solenemente, formando uma comunhão de afetos (comunhão de vida) e produzindo diferentes efeitos no âmbito pessoal, social e patrimonial".

O conceito se adéqua com perfeição à realidade atual da legislação pátria, uma vez que, diferentemente do observado em autores clássicos, desvincula o casamento da necessidade de diferenciação de sexos, objetivo de procriação ou vinculação com alguma religião.

Outro ponto relevante sobre o tema é atinente à natureza jurídica do casamento, não havendo consenso na doutrina sobre esse aspecto. Alguns doutrinadores entendem que se trata de um contrato, outros de um negócio jurídico, e ainda há aqueles que o compreendem como um negócio *sui generis*. Nesse ponto, a questão gera mais dúvidas do que conclusões.

4.1 Características do casamento

O casamento tem uma série de características que lhe dão sustentação e, a depender da doutrina que se utilize, pode haver algumas divergências entre elas. De toda sorte, nesta obra, selecionamos aquelas que consideramos mais relevantes, capazes de definir adequadamente o instituto, a saber: a solenidade; a regulamentação da ordem pública; o fato de ser considerado um meio de estabelecer comunhão plena de vidas; a impossibilidade de constar condição ou termo; e a liberdade de escolha entre os nubentes.

4.1.1 Ato solene

Quem já se casou ou acompanhou um processo de casamento sabe que existe uma série de formalidades que precisam ser seguidas para que o ato seja realizado. Tudo se inicia com o processo de habilitação, que é regulado a partir do art. 1.525 do Código Civil, o qual determina que os cônjuges têm de apresentar uma série de certidões, autorizações e declarações com o intuito de comprovar que não há impedimentos à realização da cerimônia.

Constatando-se que os documentos estão em ordem, é expedido um edital, que, posteriormente, é afixado na circunscrição do Registro Civil de ambos os cônjuges, lá permanecendo por 15 dias. Além disso, o documento será publicado na imprensa local. Tudo isso com a intenção de dar a máxima publicidade possível ao ato.

Ademais, é função do oficial de registro prestar esclarecimentos aos cônjuges sobre os regimes de bens, bem como sobre eventuais nulidades ou impedimentos que podem comprometer a validade do ato. Somente após o cumprimento de todas as questões determinadas entre os arts. 1.525 e 1.532 do Código Civil é que os noivos estarão habilitados para o casamento.

Mas as solenidades não terminam nesse momento, havendo outros importantes trâmites a serem respeitados, na forma estabelecida pelos arts. 1.533 e seguintes do Código Civil. Como mencionado anteriormente, o objetivo é dar a máxima publicidade possível ao rito, razão pela qual é exigida a fixação de dia e horário certos para sua realização, que deverá ocorrer a portas abertas e com a presença de, no mínimo, duas testemunhas quando a cerimônia ocorrer no cartório. Se a celebração ocorrer em prédio particular, também serão exigidas portas abertas e, nesse caso, terão de estar presentes quatro testemunhas.

Por fim, será lavrado o assento no livro de registro com as informações sobre os cônjuges e as testemunhas, na forma prevista nos arts. 1.536 e seguintes do Código Civil.

Em razão de tudo isso, o casamento, ao lado do testamento, é considerado o ato mais solene do direito civil. Todas essas formalidades ocorrem com o intuito de dar mais segurança jurídica ao rito.

4.1.2 Estrutura monogâmica

Embora no mundo dos fatos, como vimos nos capítulos anteriores, já existam inúmeras famílias simultâneas e poliafetivas, bem como uma tendência de que, no futuro, essas relações sejam reconhecidas pelo ordenamento jurídico, por ora somente as relações monogâmicas têm proteção legal.

Isso ocorre especialmente em atenção ao art. 1.521, inciso VI, do Código Civil e à redação do art. 235 do Código Penal, que pune a bigamia, nos seguintes termos:

> Art. 235. Contrair alguém, sendo casado, novo casamento:
>
> Pena – reclusão, de dois a seis anos.
>
> § 1º Aquele que, não sendo casado, contrai casamento com pessoa casada, conhecendo essa circunstância, é punido com reclusão ou detenção, de um a três anos. (Brasil, 2002)

Assim, embora saibamos que as famílias simultâneas e poliafetivas são uma realidade incontestável, constituindo-se principalmente mediante união estável, elas não podem ser formadas a partir de mais de um casamento, sob pena de configurarem crime.

4.1.3 Meio de estabelecer comunhão plena de vidas

Além de ser uma importante característica, a comunhão plena de vidas é um dos principais objetivos do casamento, pois as pessoas envolvidas buscam desenvolver objetivos, aspirações e sonhos em conjunto.

A formação de uma família vai muito além da celebração do casamento, passando por todas as fases da vida, considerando-se que ninguém se casa com o objetivo de separação.

Nesse ponto, ganham contornos importantes os deveres dos cônjuges, estabelecidos no art. 1.566 do Código Civil:

> Art. 1.566. São deveres de ambos os cônjuges:
>
> I – fidelidade recíproca;
>
> II – vida em comum, no domicílio conjugal;
>
> III – mútua assistência;
>
> IV – sustento, guarda e educação dos filhos;
>
> V – respeito e consideração mútuos. (Brasil, 2002)

A comunhão, portanto, tem esses objetivos, relacionados a fazer ou deixar de fazer coisas sempre a bem da família que foi constituída e de suas aspirações. Não por outro motivo, uma das mais famosas declarações feitas pelos celebrantes na cerimônia de casamento é "na riqueza e na pobreza, na saúde e na doença".

4.1.4 Impossibilidade de termo ou condição

O casamento é ato que não comporta termo ou condição para sua realização. Termo é acontecimento futuro e certo; por exemplo, todos sabemos que um dia vamos morrer, sendo essa a única certeza irrefutável da vida. Já a condição é um acontecimento futuro e incerto, isto é, pode ou não acontecer.

No casamento, não é possível o estabelecimento de termo ou condição, ou seja, não é possível condicionar sua validade a um evento futuro, pois é um negócio jurídico puro e simples.

4.1.5 Liberdade de escolha dos nubentes

Embora o casamento demande inúmeras formalidades que o tornam um dos atos mais solenes do ordenamento jurídico, certo é que os nubentes têm o direito de escolha com relação a diversos aspectos, entre eles a opção de se casarem ou não.

Em razão disso, a lei estabelece que o oficial de registro, no momento da celebração do casamento, deve perguntar aos cônjuges se pretendem se casar por livre e espontânea vontade (art. 1.535, Código Civil), sob pena de suspensão do rito, conforme art. 1.538 do Código Civil:

> Art. 1.538. A celebração do casamento será imediatamente suspensa se algum dos contraentes:
>
> I – recusar a solene afirmação da sua vontade;
>
> II – declarar que esta não é livre e espontânea;
>
> III – manifestar-se arrependido.

Note que a manifestação da vontade é de caráter pessoal dos nubentes, que podem exercê-la pessoalmente ou por meio de procurador com poderes para tanto (Gonçalves, 2010).

4.2 Deveres do casamento

Com o casamento, iniciam-se inúmeros deveres para as partes envolvidas, sendo essa uma importante particularidade do ato. Eles estão previstos no art. 1.566 do Código Civil. Embora a lei não estabeleça penalidades para eventual descumprimento desses deveres, todos os dias chegam ao Poder Judiciário causas relacionadas a eles, em que o cônjuge ofendido requer a condenação do ofensor ao pagamento de danos morais, o que pode acontecer até mesmo após a dissolução do casamento.

4.2.1 Fidelidade recíproca

O inciso I do art. 1.566 do Código Civil prevê a fidelidade recíproca como um dos deveres advindos do casamento. Como vimos anteriormente, embora existam famílias simultâneas e poliafetivas, nossa legislação segue o modelo ocidental, em que vige a monogâmica, tendo a lei estabelecido a fidelidade como princípio ético na relação conjugal.

Observe, ademais, que a infidelidade é uma das principais causas do ajuizamento de ações judiciais nas quais o cônjuge ofendido cobra indenização por danos morais do ofensor, mesmo após a dissolução da união.

É essencial entender que a infidelidade deve ser vista de modo amplo, não podendo apenas ser configurada quando há contato sexual entre uma pessoa casada e outra. Por fim, diante dos avanços tecnológicos, já se fala em adultério virtual, quando uma pessoa casada tem um relacionamento com uma terceira pessoa apenas em *sites* de relacionamento, por exemplo, sem a existência de contato físico.

4.2.2 Vida em comum no domicílio conjugal

O dever de vida em domicílio conjugal previsto no Código Civil tem, para parte da doutrina, um duplo sentido. De um lado, representa a obrigação dos cônjuges de morar sobre o mesmo teto e, de outro, significa o dever de cumprir com as obrigações de cunho sexual.

Data venia, existem graves problemas nessas definições. A primeira delas envolve a obrigação de vida sob o mesmo teto. Nos dias atuais, é muito comum que as pessoas, embora casadas, optem por morar em residências distintas, o que pode acontecer por questões de trabalho ou mesmo pessoais. Estando os cônjuges de acordo com essa fórmula, o direito não pode intervir.

Quanto ao dever de prestação sexual, surgem outros problemas de ordem mais séria, inclusive criminal. Entender que esse seria um dever do casamento poderia justificar eventuais relações sexuais forçadas, ou seja, estupros, que estariam justificados pela norma legal.

Ademais, atualmente, a liberdade sexual é algo muito debatido em virtude de sua real importância, havendo, inclusive, pessoas que são assexuais, isto é, que não sentem atração sexual.

Muitos assexuais são casados, e a opção por não ter relações sexuais é uma escolha que só cabe ao casal. Entender de modo diverso seria uma afronta à dignidade da pessoa humana, que é um dos fundamentos da República brasileira (art. 1º, III, CF).

Por essa razão, filiamo-nos ao entendimento expresso por Farias e Rosenvald (2021, p. 289), para quem a obrigação de vida em domicílio conjugal significa

> a formação de uma unidade de projetos em comum, de sonhos e perspectivas presentes e futuras, como a formação da prole, aquisição de determinados bens, a realização de viagens ou a aquisição de determinados

conhecimentos..., tudo, enfim, voltado à realização pessoal e espiritual recíproca.

Constatamos, portanto, mais uma importante adaptação do direito das famílias aos anseios sociais e ao respeito à liberdade e à dignidade das pessoas.

4.2.3 Mútua assistência

O dever de mútua assistência é um dos mais importantes do casamento e se coaduna bem com a famosa frase dita pelos celebrantes dos casamentos: "na saúde e na doença, na riqueza e na pobreza".

A mútua assistência deve ser vista de maneira ampla, de modo a abarcar não só as necessidades financeiras, como alimentação, remédios e vestuário, mas também o apoio moral nos momentos de adversidade.

Assim, quando as pessoas decidem de livre e espontânea vontade se casar, estão assumindo um compromisso moral de solidariedade para com o outro.

4.2.4 Sustento, guarda e educação dos filhos

Em que pese o fato de a geração e/ou criação de filhos não ser uma condição para a validade do casamento, visto que muitos casais optam por não tê-los, a existência deles faz surgir para os genitores as obrigações de sustento, guarda e educação (art. 1.566, IV, Código Civil).

Conforme aponta Pereira (2009, p. 178), esse dever não se resume ao provimento da subsistência material, pois há o dever de possibilitar aos filhos um crescimento intelectual e espiritual.

Ademais, essa obrigação é de ambos os cônjuges de modo igualitário e persiste ainda que o casamento seja desfeito por qualquer motivo, dado que decorre do vínculo de filiação.

Caso um desses deveres não seja cumprido em relação a um filho incapaz, cabe a qualquer um dos pais ajuizar ação judicial contra o genitor faltoso. A questão aqui tratada é tão grave que o Ministério Público deve atuar como fiscal da ordem jurídica (art. 178, II, Código de Processo Civil).

4.2.5 Respeito e consideração mútuos

O respeito e a consideração são qualidades essenciais a qualquer relacionamento, e no casamento isso não poderia ser diferente. Esse dever não se restringe à relação entre os cônjuges em sua intimidade, abrangendo também a necessidade de demonstrar consideração pelo outro no meio social, ou seja, um cônjuge não deve expor o outro a situações constrangedoras.

Interessante notar que, embora não exista qualquer punição legalmente prevista quando um dos deveres do casamento é desrespeitado, multiplicam-se no Poder Judiciário ações que buscam uma compensação pelo seu descumprimento.

Por fim, há ainda os deveres implícitos, formulados com base na jurisprudência. Entre esses deveres estão os de sinceridade e respeito à dignidade da família, conforme exemplifica Pereira (2009).

4.3 Direito matrimonial

No Brasil, a idade núbil é 16 anos, mas, enquanto não atingida a maioridade civil, a união vai depender da autorização de ambos os pais ou dos representantes legais (art. 1.517, Código Civil). Essa autorização conjunta, porém, poderá ser suprida por decisão judicial (art. 1.631, parágrafo único, Código Civil).

Ademais, como vimos, o casamento é um ato solene, razão pela qual, para sua validade e eficácia, se exige uma série de formalidades e procedimentos. O descumprimento dessas regras pode gerar até mesmo a nulidade do ato.

4.3.1 Formalidades do casamento

O primeiro ato a ser realizado por aqueles que desejam se casar é a solicitação da chamada *habilitação para o casamento*. Trata-se de um procedimento administrativo que tramita no Cartório de Registro Civil de Pessoas Naturais do domicílio de qualquer um dos nubentes (art. 67, Lei de Registros Públicos).

Para tanto, é necessária a apresentação de alguns documentos, conforme estabelecido no art. 1.525 do Código Civil:

> Art. 1.525. O requerimento de habilitação para o casamento será firmado por ambos os nubentes, de próprio punho, ou, a seu pedido, por procurador, e deve ser instruído com os seguintes documentos:
>
> I – certidão de nascimento ou documento equivalente;
>
> II – autorização por escrito das pessoas sob cuja dependência legal estiverem, ou ato judicial que a supra;
>
> III – declaração de duas testemunhas maiores, parentes ou não, que atestem conhecê-los e afirmem não existir impedimento que os iniba de casar;
>
> IV – declaração do estado civil, do domicílio e da residência atual dos contraentes e de seus pais, se forem conhecidos;
>
> V – certidão de óbito do cônjuge falecido, de sentença declaratória de nulidade ou de anulação de casamento, transitada em julgado, ou do registro da sentença de divórcio. (Brasil, 2002)

O objetivo desses documentos é demonstrar que não existem razões que impeçam a realização do ato.

Conferida a regularidade dos documentos, são expedidos os editais de proclamas, com o objetivo de dar publicidade ao ato. Não havendo impugnação, assim disciplina o parágrafo 1º do art. 67 da Lei de Registros Públicos:

> Art. 67. [...]
>
> § 1º Se estiver em ordem a documentação, o oficial de registro dará publicidade, em meio eletrônico, à habilitação e extrairá, no prazo de até 5 (cinco) dias, o certificado de habilitação, podendo os nubentes contrair matrimônio perante qualquer serventia de registro civil de pessoas naturais, de sua livre escolha, observado o prazo de eficácia do art. 1.532 da Lei nº 10.406, de 10 de janeiro de 2002 (Código Civil). (Brasil, 1973).

Após a expedição do certificado, o casamento poderá ser celebrado no lugar e hora acertados pelos nubentes e designado pelo oficial de registro.

Uma novidade relacionada ao casamento é que ele já pode ser celebrado por videoconferência, conforme dispõe o art. 67, parágrafo 8º, da Lei de Registros Públicos. Essa novidade é uma das grandes modificações trazidas pela Lei n. 14.382, de 27 de junho de 2022.

O procedimento que consta dos arts. 1.525 do Código Civil e seguintes busca comprovar que existe capacidade para o casamento, bem como a inexistência de impedimentos ou de causas suspensivas.

4.3.2 Impedimentos

Os impedimentos para o casamento constam no Código Civil, delimitados no art. 1.521, e buscam evitar, em síntese, o casamento entre: (a) pessoas da mesma família na linha reta ou colateral até o terceiro grau; (b) pessoas que já são casadas; (c) o cônjuge sobrevivente e o condenado por homicídio ou tentativa de homicídio de seu consorte.

Como vimos no capítulo relativo à história das famílias, as relações endogâmicas resultam em diversos problemas, tendo sido, aliás, o motivo do desaparecimento da família Habsburgo. Conjugadas a isso estão as questões éticas, morais e religiosas, que fizeram com que o legislador proibisse os casamentos entre as pessoas da mesma família na linha reta (bisavós, avós, pais, netos, bisnetos etc.) e entre os colaterais até o terceiro grau (irmãos, tios, sobrinhos etc.).

Ademais, considerando-se que seguimos o modelo ocidental da monogamia, as pessoas que já são casadas não podem casar novamente, sob pena, inclusive, de responderem criminalmente por bigamia (art. 235, Código Penal).

Por fim, a lei proíbe, por questões éticas e morais, que o cônjuge sobrevivente se case com o condenado por homicídio ou tentativa de homicídio de seu consorte.

4.3.3 Celebração

De posse da certidão de habilitação em mãos, os interessados podem agendar a data da celebração do casamento, que acontecerá, em regra, no cartório, de maneira pública e com as portas abertas. Também devem estar presentes pelo menos duas testemunhas, que podem ser parentes dos consortes (arts. 1.533 e 1.534, Código Civil).

Contudo, se tiverem interesse, os noivos poderão solicitar que o ato seja realizado em edifício particular. Nesse caso, também existe a obrigatoriedade de manutenção das portas abertas durante o ato; ademais, será necessária a participação de quatro testemunhas (arts. 1.533 e 1.534, Código Civil).

A lei prevê, ainda, que os interessados devem declarar expressamente que desejam se casar, sob pena de suspensão da cerimônia (art. 1.538, Código Civil).

4.3.4 Nulidade e anulação

Como vimos, o casamento é um ato solene que depende da realização de diversas diligências para ser realizado. Apesar disso, não se ignora que algo pode passar despercebido ou, ainda, que alguma informação falsa seja repassada ao celebrante.

É por essa razão que o Código Civil prevê, em seus arts. 1.548 e 1.550, situações em que o casamento poderá ser considerado nulo ou anulável.

A nulidade ocorre quando existe um dos impedimentos previstos no art. 1.521 do Código Civil:

> Art. 1.521. Não podem casar:
>
> I – os ascendentes com os descendentes, seja o parentesco natural ou civil;
>
> II – os afins em linha reta;
>
> III – o adotante com quem foi cônjuge do adotado e o adotado com quem o foi do adotante;
>
> IV – os irmãos, unilaterais ou bilaterais, e demais colaterais, até o terceiro grau inclusive;
>
> V – o adotado com o filho do adotante;
>
> VI – as pessoas casadas;
>
> VII – o cônjuge sobrevivente com o condenado por homicídio ou tentativa de homicídio contra o seu consorte. (Brasil, 2002)

Nesse dispositivo legal, verificamos, de modo preciso, algumas situações que, em nosso íntimo, seriam consideradas, no mínimo, imorais. Vimos, no primeiro capítulo desta obra, a questão da endogamia e dos problemas que decorriam de tal prática. Assim, ficam evidentes as proibições constantes nos incisos I a V.

Além disso, sabemos que o Brasil é um país monogâmico, tanto que as relações simultâneas não são reconhecidas pelo ordenamento jurídico. Portanto, não causa espanto a impossibilidade de as pessoas casadas se casarem novamente.

Por fim, permitir que o cônjuge sobrevivente se case com o condenado pelo homicídio ou tentativa de homicídio de seu consorte vai contra a moral e a boa-fé que se esperam das relações familiares.

Desse modo, ocorrendo alguma dessas situações, o casamento é considerado nulo de pleno direito.

Outra situação que pode acontecer, e difere da nulidade, é a anulação, prevista no art. 1.550 do Código Civil:

> Art. 1.550. É anulável o casamento:
>
> I – de quem não completou a idade mínima para casar;
>
> II – do menor em idade núbil, quando não autorizado por seu representante legal;
>
> III – por vício da vontade, nos termos dos arts. 1.556 a 1.558;
>
> IV – do incapaz de consentir ou manifestar, de modo inequívoco, o consentimento;
>
> V – realizado pelo mandatário, sem que ele ou o outro contraente soubesse da revogação do mandato, e não sobrevindo coabitação entre os cônjuges;
>
> VI – por incompetência da autoridade celebrante. (Brasil, 2002)

Os incisos I a IV visam à proteção dos incapazes ou relativamente incapazes, na medida em que impedem que o casamento seja considerado válido quando contrário à lei ou sem que alguma formalidade legal seja cumprida.

O inciso V, por sua vez, trata da revogação do mandato, o que acontecerá nos casos de casamento por procuração.

O último inciso refere-se à incompetência da autoridade celebrante, que poderá levar à anulação do casamento.

Nesses últimos casos, entretanto, a união produzirá efeitos até a decretação da anulação. A diferença entre os atos nulos e os anuláveis é que os primeiros não produzem efeitos jurídicos, pois sequer são considerados existentes. Já os atos anuláveis produzem efeitos jurídicos e, para sua desconstituição, dependem do requerimento da parte lesada.

4.4 Casamentos de estrangeiros no Brasil

Em um mundo cada vez mais globalizado, é comum que pessoas decidam estabelecer residência em países diferentes daqueles em que nasceram. Isso, em geral, acontece por uma simples vontade, porém a situação que mais chama a atenção é a daquelas pessoas que mudam por necessidade.

Como sabemos, existe um grande problema mundial em relação aos refugiados – pessoas que saem de seus países em busca de condições melhores de vida em razão de perseguições políticas, guerras, catástrofes naturais etc.

De acordo com informações divulgadas pela Agência da ONU para Refugiados, somente no ano de 2019 o Brasil reconheceu um total de 21.515 (vinte e um mil quinhentos e quinze mil) refugiados de diversas nacionalidades, entre os 82.520 (oitenta e dois mil quinhentos e vinte) requerimentos feitos no período. Os dados apontam, ainda, que, entre 2011 e 2019, o maior número de refugiados reconhecidos foi de venezuelanos, seguidos de sírios e congoleses (Silva et al., 2020).

A Lei n. 9.474, de 22 de julho de 1997, define quem são os refugiados, nos termos do art. 1º:

> Art. 1º Será reconhecido como refugiado todo indivíduo que:
>
> I – devido a fundados temores de perseguição por motivos de raça, religião, nacionalidade, grupo social ou opiniões políticas encontre-se fora de seu país de nacionalidade e não possa ou não queira acolher-se à proteção de tal país;
>
> II – não tendo nacionalidade e estando fora do país onde antes teve sua residência habitual, não possa ou não queira regressar a ele, em função das circunstâncias descritas no inciso anterior;
>
> III – devido a grave e generalizada violação de direitos humanos, é obrigado a deixar seu país de nacionalidade para buscar refúgio em outro país. (Brasil, 1997)

A mesma lei ainda estabelece alguns dos direitos e deveres dos cidadãos refugiados no país, buscando regular e facilitar a convivência das pessoas, conforme estabelecido em seus arts. 5º e 6º:

> Art. 5º O refugiado gozará de direitos e estará sujeito aos deveres dos estrangeiros no Brasil, ao disposto nesta Lei, na Convenção sobre o Estatuto dos Refugiados de 1951 e no Protocolo sobre o Estatuto dos Refugiados de 1967, cabendo-lhe a obrigação de acatar as leis, regulamentos e providências destinados à manutenção da ordem pública.
>
> Art. 6º O refugiado terá direito, nos termos da Convenção sobre o Estatuto dos Refugiados de 1951, a cédula de identidade comprobatória de sua condição jurídica, carteira de trabalho e documento de viagem. (Brasil, 1997)

Portanto, a partir do momento em que estrangeiros estabelecem residência no Brasil, independentemente dos motivos pelos quais eles decidiram viver aqui, toda a vida deles passa a ser regulada pelo direito pátrio.

Nesse sentido, as relações familiares não são diferentes, e tem sido cada vez mais comum a celebração do casamento de estrangeiros no Brasil. Assim, sempre que estrangeiros decidem se casar no país, deverão respeitar as formalidades de habilitação e celebração, conforme determina o art. 7º, parágrafo 1º, da Lei de Introdução das Normas do Direito Brasileiro (LINDB) – Decreto-Lei n. 4.657, de 4 de setembro de 1942:

> Art. 7º A lei do país em que domiciliada a pessoa determina as regras sobre o começo e o fim da personalidade, o nome, a capacidade e os direitos de família.
>
> § 1º Realizando-se o casamento no Brasil, será aplicada a lei brasileira quanto aos impedimentos dirimentes e às formalidades da celebração. (Brasil, 1942)

Nesse contexto, todo aquele que deseja se casar no território brasileiro deverá comprovar que cumpriu todas as normas estabelecidas no Código Civil e, ainda, que não apresenta nenhum dos impedimentos previstos no texto legal.

A celebração dependerá, igualmente, da apresentação de diversos documentos, que deverão estar traduzidos por um tradutor juramentado.

Ademais, desde o ano de 2016, o Brasil aderiu à Convenção de Haia, motivo pelo qual os documentos públicos estrangeiros podem ser legalizados em departamentos ou escritórios autorizados para estrangeiros, nos termos do art. 1º da normativa:

A presente Convenção aplica-se a documentos públicos feitos no território de um dos Estados Contratantes e que devam produzir efeitos no território de outro Estado Contratante.

No âmbito da presente Convenção, são considerados documentos públicos:

a) Os documentos provenientes de uma autoridade ou de um agente público vinculados a qualquer jurisdição do Estado, inclusive os documentos provenientes do Ministério Público, de escrivão judiciário ou de oficial de justiça;
b) Os documentos administrativos;
c) Os atos notariais;
d) As declarações oficiais apostas em documentos de natureza privada, tais como certidões que comprovem o registro de um documento ou a sua existência em determinada data, e reconhecimentos de assinatura.

Entretanto, a presente Convenção não se aplica:

a) Aos documentos emitidos por agentes diplomáticos ou consulares;
b) Aos documentos administrativos diretamente relacionados a operações comerciais ou aduaneiras.
(Brasil, 2016a)

O objetivo da mencionada convenção, segundo o Conselho Nacional de Justiça (CNJ), é "agilizar e simplificar a legalização de documentos entre os 112 países signatários, permitindo o reconhecimento mútuo de documentos brasileiros no exterior e de documentos estrangeiros no Brasil" (CNJ, 2023).

Cabe acrescentar que os documentos necessários à celebração do casamento vão depender da situação dos nubentes:

» Nos casos envolvendo pessoas **solteiras**, devem ser providenciados:
   a. certidão de nascimento original, selada e assinada no consulado do Brasil no país de origem do estrangeiro;
   b. comprovante de endereço dos nubentes;
   c. passaporte;
   d. certidão de antecedentes criminais no país de origem do estrangeiro;
   e. certidão de antecedentes criminais expedida pela Polícia Federal do Brasil.

» Caso um dos nubentes seja **divorciado**, deve-se dispor ainda de:
   a. certidão do casamento anterior, bem como sentença do divórcio.

» Na hipótese de um dos nubentes ser **viúvo**, devem ser apresentados:
   a. certidão de óbito selada e assinada no consulado do Brasil e no país de origem;
   b. inventário selado e assinado no consulado do Brasil no país de origem.

Respeitada a legislação vigente, apresentados os documentos necessários e não havendo impedimentos, o casamento será celebrado perante autoridade diplomática ou consular do país dos nubentes, na forma do parágrafo 2º do art. 7º da LINDB.

Há a possibilidade de os nubentes terem domicílios diversos, situação em que a lei do primeiro domicílio conjugal regerá os casos de invalidade do casamento (art. 7º, § 3º, LINDB).

Já com relação ao regime de bens, este vai ser regulado pela lei do país em que os nubentes forem domiciliados ou do primeiro domicílio conjugal. Portanto, no caso das pessoas que se casam e que pretendem morar no Brasil, os regimes de bens serão os estabelecidos no Código Civil brasileiro.

Por fim, você deve estar se perguntando sobre a condição dos refugiados, pois sabemos que, muitas vezes, essas pessoas não possuem documentos ou condições de acesso a eles.

Uma grande inovação nesse sentido é o Provimento n. 24/2018 do Distrito Federal, o qual estabelece que o estrangeiro que está no Brasil como refugiado ou asilado sem documento de identificação civil poderá comprovar sua idade, estado civil e filiação por meio de cédula especial de identidade de estrangeiro, emitida pela Polícia Federal do Brasil (TJDFT, 2018).

O provimento ainda prevê a dispensa de comunicação do registro de casamento às repartições consulares, se constatado pelo oficial que estão atendidas as condições previstas (TJDFT, 2018). A medida busca facilitar a realização do ato, dando mais dignidade aos refugiados.

4.5 Casamento de brasileiros no exterior: casamento consular

Da mesma forma que muitas pessoas buscam o Brasil como residência, também há muitos brasileiros que decidem se mudar para outros países e lá estabelecer residência. O casamento consular é aquele que ocorre quando brasileiros decidem se casar no estrangeiro, porém não pretendem se sujeitar à legislação local, e sim à brasileira.

O ato deve ser realizado perante uma autoridade consular do Brasil e submetido a registro, no prazo de até 180 (cento e oitenta) dias, depois de os cônjuges retornarem ao país.

Interessante conceito é apresentado por Farias e Rosenvald (2021, p. 181) em relação ao que seria o casamento em um âmbito global:

> Abstraindo as discussões filosóficas, antropológicas e sociológicas a respeito do casamento e buscando uma perspectiva mais jurídica, colhemos, em doutrina estrangeira, a ideia de que o casamento é uma "sociedade entre homem e mulher que se unem para perpetuar sua espécie, para ajudar-se e para socorrer-se mutualmente, para levar o peso da vida e compartilhar os seus destinos". Muito comum, em doutrina pátria e alienígena, é a referência ao conceito de Modestino, talhado no ápice do direito romano, afirmando o casamento como "conjunção do divino e do direito humano". Em sentido muito aproximado, no âmbito nacional, Pontes de Miranda disse que o casamento é "a regulamentação social do instinto de reprodução". Disso também não discrepou Washington de Barros Monteiro, ao reconhecer o casamento como "a união permanente entre o homem e a mulher, de acordo com a lei, a fim de se reproduzirem, de se ajudarem mutuamente e de criarem os filhos".

Contudo, depois de apresentarem as mencionadas ideias, que de fato ainda representam a realidade em grande parte dos países do mundo, os autores trazem à voga a previsão contida no direito das famílias brasileiro, no qual é reconhecida a pluralidade das entidades familiares, afastada a exigência de procriação e sua indissolubilidade e dissociado o casamento da religião.

De toda forma, o conceito apresentado é interessante, pois revela um panorama geral do que é, ou foi, o casamento no direito brasileiro e alienígena.

Importa destacar que o entendimento sobre o casamento nos mais diversos países, muitas vezes, é o motivo pelo qual os brasileiros não querem se submeter à legislação local, optando pelo casamento consular.

A competência das autoridades consulares para a realização dos casamentos dos brasileiros no exterior está determinada pelo art. 18 da LINDB:

> Art. 18. Tratando-se de brasileiros, são competentes as autoridades consulares brasileiras para lhes celebrar o casamento e os mais atos de Registro Civil e de tabelionato, inclusive o registro de nascimento e de óbito dos filhos de brasileiro ou brasileira nascido no país da sede do Consulado. (Brasil, 1942)

Ademais, essa competência está prevista na Convenção de Viena sobre Relações Diplomáticas, promulgada no Brasil por meio do Decreto n. 56.435, de 8 de junho de 1965 (Brasil, 1965).

Entre os motivos justificadores da criação da convenção, está claro o objetivo de facilitar a relação entre os povos, reforçando, para isso, a importância dos agentes diplomáticos. Vejamos:

> Considerando que, desde tempos remotos, os povos de todas as Nações têm reconhecido a condição dos agentes diplomáticos;
>
> Conscientes dos propósitos e princípios da Carta das Nações Unidas relativos à igualdade soberana dos Estados, à manutenção da paz e da segurança internacional e ao desenvolvimento das relações de amizade entre as Nações;
>
> Estimando que uma Convenção Internacional sobre relações, privilégios e imunidades diplomáticas contribuirá para o desenvolvimento de relações amistosas entre as Nações, independentemente da diversidade dos seus regimes constitucionais e sociais;

Reconhecendo que a finalidade de tais privilégios e imunidades não é beneficiar indivíduos, mas, sim, a de garantir o eficaz desempenho das funções das Missões diplomáticas, em seu caráter de representantes dos Estados;

Afirmando que as normas de Direito internacional consuetudinário devem continuar regendo as questões que não tenham sido expressamente reguladas nas disposições da presente Convenção. (Brasil, 1965)

Assim, se um casal brasileiro tiver interesse em se casar no exterior, mas não em se submeter à legislação alienígena, deverá realizar as formalidades legais exigidas, dirigindo-se à autoridade consular brasileira para a realização do ato. Essa competência persiste ainda que os nubentes sejam domiciliados no Brasil, bastando que ambos tenham nacionalidade brasileira.

Uma pergunta interessante que vem à mente quando falamos em casamento no exterior é: Há a necessidade de publicação prévia dos proclamas no Brasil quando se trata de casamento de brasileiros realizado no exterior?

Nesse ponto, convém rememorar o texto do Projeto de Lei n. 269/2004, que, em seu art. 9º, parágrafos 1º e 3º, previa:

Art. 9º Casamento – As formalidades de celebração do casamento obedecerão à lei do local de sua realização.

§ 1º As pessoas domiciliadas no Brasil, que se casarem no exterior, atenderão, antes ou depois do casamento, as formalidades para habilitação reguladas no Código Civil Brasileiro, registrando o casamento na forma prevista no seu art. 1.544.

[...]

§ 3º O casamento entre brasileiros no exterior poderá ser celebrado perante autoridade consular brasileira, cumprindo-se as formalidades de habilitação como previsto no parágrafo anterior. O casamento entre estrangeiros da mesma nacionalidade poderá ser celebrado no Brasil perante a respectiva autoridade diplomática ou consular. (Brasil, 2004)

O mencionado projeto não chegou a ser aprovado, mas grande parte da doutrina entende que a diligência é necessária para que o casamento seja viabilizado.

Nesse sentido, explicam Dolinger e Tiburcio (2020, p. 348):

> O projeto não foi aprovado, demonstrando a leveza com que o Poder Legislativo brasileiro trata as questões de direito internacional privado, mas o referido entendimento doutrinário prevalece, podendo-se aplicá-lo com a elasticidade apresentada no projeto quanto à época da realização das formalidades habilitantes – antes ou depois do casamento, quando de sua transcrição no Brasil, nos termos do art. 32, § 1º, da Lei de Registros Públicos.

Portanto, o ideal é que sejam respeitadas as formalidades antes e depois do casamento, buscando-se evitar possíveis incômodos decorrentes de um entendimento doutrinário diverso.

4.6 Casamento por procuração

Conforme mencionado anteriormente, as inúmeras tecnologias existentes tornaram o mundo um lugar menor, considerando-se que, em regra, nos dias atuais, é muito fácil e rápido ir de um lugar a outro.

Assim, é bastante comum que uma pessoa viaje para outro país, lá conheça outra pessoa por quem se apaixone e eles decidam se casar.

Nesses casos, como vimos, existem três regras distintas:

1. Se cada um dos nubentes tiver uma nacionalidade e eles pretenderem se casar em um país que não seja da nacionalidade de nenhum deles, deverão submeter-se às regras do local do casamento. Porém, é quase certo que o país de origem de cada um deles também tenha regras que deverão ser respeitadas. Desse modo, será necessário respeitar a legislação de três nações distintas e soberanas.
2. Outra hipótese é que estrangeiros de uma mesma nacionalidade decidam se casar em uma nação diversa à de sua origem e se submeter à legislação local. Nessa situação, os nubentes deverão atender às normas de direito do país da celebração.
3. Há, ainda, os casos em que os nubentes de uma mesma nacionalidade têm a pretensão de se casar no estrangeiro, mas querem se submeter à legislação do país de origem. Nessa circunstância, o casamento consular é a solução.

Estabelecidas essas distinções, é necessário observar que, além dos meios de transporte mais eficientes, outra tecnologia que tem aproximado as pessoas é a internet.

Nos últimos anos, tem crescido o número de pessoas que se conhecem pela internet e que se casam mesmo a distância.

No Brasil, a medida é possível graças ao chamado *casamento por procuração*, previsto no art. 1.542 do Código Civil, situação que ocorre sempre que um dos nubentes não puder, por qualquer razão, estar presente no momento da celebração.

Nessa hipótese, o nubente ausente deve outorgar uma procuração para que outra pessoa o represente durante o ato. Por exemplo, um noivo que está em missão na Inglaterra outorga uma procuração à sua genitora para que ela o represente durante o casamento no Brasil.

Conforme estabelecido pela legislação, a procuração deve ser elaborada por instrumento público e contemplar poderes especiais.Outrossim, a procuração deve ser específica, ou seja, prever o nome da pessoa com quem o outorgante pretende se casar, da forma mais qualificada possível, bem como a data e o local da celebração.

Perceba, no entanto, que, quando um dos cônjuges não for brasileiro, a celebração desse tipo de casamento dependerá de haver previsão expressa permitindo a medida no país do outorgante ou convenção.

Situações envolvendo casais que se casaram sem nunca terem se visto pessoalmente antes têm sido realidade no noticiário brasileiro.

No ano de 2020, foi divulgada a história da brasileira Cíntia que se casou com o alemão Timo, sem que nunca eles tivessem se visto antes. Conforme a notícia veiculada, o casamento ocorreu a distância pois nenhum dos dois tinha condição de pegar um avião, em virtude da pandemia causada pelo coronavírus (Brasileira..., 2020).

Embora não haja informação na matéria sobre a realização do casamento por procuração, esse pode ter sido o método adotado no caso concreto.

Por fim, ressaltamos que o fato de o casamento ser celebrado por procuração não afasta a necessidade de preenchimento das formalidades legais. Como ensinam Dolinger e Tiburcio (2020, p. 349),

> a capacidade para contrair núpcias, como a habilidade jurídica para todos os atos da vida civil, se rege pela lei do domicílio, significando que o casamento de estrangeiros celebrado no Brasil deverá respeitar os impedimentos matrimoniais do país do domicílio dos nubentes e, quando domiciliados em países diferentes, deverão

ser respeitadas as normas impeditivas do matrimônio de ambas as legislações. Isso decorre do art. 7º, caput, da Lei Introdutória. Já o §1º acrescenta que, realizando-se o casamento no Brasil, deverão ser igualmente respeitados de acordo com a norma geral da lei domiciliar regedora da capacidade e os impedimentos dirimentes da lei brasileira devem ser obedecidos por uma questão de ordem pública, pois não se concebe oficiar um casamento no Brasil que desrespeite normas cogentes consagradas pelo princípio da ordem pública de nosso país.

Fica evidente, portanto, que o casamento por procuração é medida que visa facilitar a união das pessoas, atendendo às necessidades que a vida real apresenta. Contudo, a medida não pode ser utilizada para fraudar ou desviar os nubentes dos ditames legais.

CONSULTANDO A LEGISLAÇÃO

BRASIL. Constituição (1988). **Diário Oficial da União**, Brasília, DF, 5 out. 1988. Disponível em: <https://www.planalto.gov.br/ccivil_03/constituicao/constituicao.htm>. Acesso em: 15 mar. 2023.

BRASIL. Decreto-Lei n. 2.848, de 7 de dezembro de 1940. **Diário Oficial da União**, Poder Executivo, Rio de Janeiro, 31 dez. 1940. Disponível em: <https://www.planalto.gov.br/ccivil_03/decreto-lei/Del2848compilado.htm>. Acesso em: 15 mar. 2023.

BRASIL. Lei n. 6.015, de 31 de dezembro de 1973. **Diário Oficial da União**, Poder Legislativo, Brasília, DF, 31 dez. 1973. Disponível em: <https://www.planalto.gov.br/ccivil_03/leis/l6015compilada.htm>. Acesso em: 15 mar. 2023.

> BRASIL. Lei n. 10.406, de 10 de janeiro de 2002. **Diário Oficial da União**, Poder Legislativo, Brasília, DF, 11 jan. 2002. Disponível em: <https://www.planalto.gov.br/ccivil_03/leis/2002/l10406compilada.htm>. Acesso em: 15 mar. 2023.

Síntese

O casamento é um dos atos mais solenes que existem, exigindo, para sua celebração, uma série de procedimentos que buscam garantir sua existência, validade e eficácia. Embora seja um ato bastante formal, a própria legislação apresenta alguns requisitos e deveres que visam trazer o casamento para a realidade da vida cotidiana.

A definição de deveres como fidelidade, vida em comum, mútua assistência, responsabilidade pelos filhos e respeito tem o objetivo de garantir a ordem nessas relações. Da mesma forma agem os impedimentos. De toda sorte, o ordenamento jurídico prevê, ainda, casos de nulidade ou anulação quando, por algum motivo, um casamento acontecer de modo contrário aos ditames legais.

Questões para revisão

1) **Não** é uma característica do casamento:

   a. solenidade.
   b. monogamia.
   c. diversidade de sexos.
   d. liberdade de escolha dos nubentes.

2) **Não** é um dever do casamento:

   a. manter relações sexuais.
   b. fidelidade.
   c. mútua assistência.
   d. respeito e consideração.

3) Em qual dos casos a seguir descritos o casamento será nulo?

   a. Do menor em idade núbil, quando não autorizado por seu representante legal.
   b. Quando a autoridade celebrante era incompetente.
   c. Quando realizado por mandatário, sem que ele ou o outro contraente soubesse da revogação do mandato, e não sobrevindo coabitação entre os cônjuges.
   d. Quando significar a união do adotado com o filho do adotante.

4) No que consiste o dever de vida em domicílio conjugal?

5) Quais são as consequências para quem descumpre um dos deveres do casamento?

QUESTÕES PARA REFLEXÃO

1) Qual é a finalidade dos impedimentos para o casamento?

2) Por que o casamento é considerado um dos atos mais solenes?

V

Conteúdos do capítulo:

» Características da união estável.
» Impedimentos para celebrar união estável.
» Conversão da união estável em casamento.

Após o estudo deste capítulo, você será capaz de:

1. dialogar sobre o histórico da união estável no Brasil;
2. compreender as características essenciais do instituto;
3. diferenciar a união estável do namoro ou noivado;
4. entender quais são os impedimentos para esse tipo de união;
5. concluir por que a união estável não é possível em diversos países do mundo;
6. contextualizar a importância do reconhecimento do instituto no Brasil.

União estável

Na história, a união estável nem sempre foi reconhecida como entidade familiar, mas não há dúvida de que ela sempre existiu na vida fática das pessoas. Com a entrada em vigor da Constituição Federal de 1988, ela foi finalmente reconhecida e, a partir desse momento, surgiram algumas necessidades, como diferenciá-la de outros tipos de relação, a exemplo do namoro ou do noivado. É em razão disso que a legislação elenca algumas características dessa união que precisam estar presentes para a sua comprovação.

> **Para saber mais**
>
> Consulte a obra a seguir indicada para saber mais sobre o tema discutido neste capítulo.
>
> NIGRI, T. **União estável**. São Paulo: Blücher, 2022.

A união estável é a união de duas pessoas com o intuito de constituir uma família. Os sentimentos que movem esses indivíduos são inúmeros, mas merece destaque a afetividade. Ademais, é importante ter em mente que, para que a união estável aconteça, não pode haver qualquer impedimento legal.

Na atualidade, não há qualquer dúvida de que a união estável gera uma entidade familiar, mas, antes da Constituição Federal de 1988, apenas o casamento tinha essa prerrogativa. Assim, embora existissem inúmeras uniões estáveis, elas não eram reconhecidas pelo ordenamento jurídico brasileiro. Em decorrência disso, as partes envolvidas não tinham diversos direitos, como pensão alimentícia, recebimento de metade dos bens amealhados durante a união ou mesmo pensão por morte.

Desse modo, fez bem o legislador em incluir o art. 226, parágrafo 3º, no texto constitucional, com o intuito de regularizar essas situações, trazendo segurança e justiça para os envolvidos. O texto prevê o seguinte:

> Art. 226. A família, base da sociedade, tem especial proteção do Estado.
>
> [...]
>
> § 3º Para efeito da proteção do Estado, é reconhecida a união estável entre o homem e a mulher como entidade familiar, devendo a lei facilitar sua conversão em casamento. (Brasil, 1988)

Importante notar que, em 2011, o Supremo Tribunal Federal (STF), no julgamento da ADIn n. 4.277 e da ADPF n. 132, reconheceu a união entre pessoas do mesmo sexo. Nesse sentido, em uma interpretação constitucional do texto, vale ressaltar que a passagem "o homem e a mulher" deve ser lida apenas de maneira exemplificativa.

Com base na previsão constitucional, os demais diplomas legais se adequaram a essa regra. No campo infraconstitucional, a união estável encontra previsão no Código Civil, com regulamentação a partir de seu art. 1.723:

> Art. 1.723. É reconhecida como entidade familiar a união estável entre o homem e a mulher, configurada na convivência pública, contínua e duradoura e estabelecida com o objetivo de constituição de família. (Brasil, 2002)

Observe que, aqui, vale aquela mesma consideração anterior, a respeito de não haver qualquer controvérsia quanto à possibilidade de união estável entre pessoas do mesmo sexo. Ademais, a união estável se equipara ao casamento, não podendo haver diferenciação entre eles (Dias, 2021).

Um ponto curioso é que, embora a união estável aconteça em todos os lugares do mundo, em poucos deles é reconhecida como entidade familiar, mormente diante da dificuldade de sua comprovação.

Nos Estados Unidos, por exemplo, a denominada *common-law marriage* existe atualmente em poucos estados e tende a ser extinta em todos. Diferentemente do que acontece por aqui, nos Estados Unidos, o reconhecimento da união estável dependeria da convivência das partes no mesmo imóvel por um tempo determinado e da intenção das partes de se casarem.

Entretanto, ainda que a maior parte dos Estados Unidos não considere válido esse tipo de relação, ele não deixa de existir. Dessa maneira, a tendência é que, por lá, essas uniões sejam denominadas *namoro, parceria* ou *noivado*.

Na França, o instituto é conhecido como *pacte civil de solidarité* e é possível quando as pessoas pretendem viver juntas, mas não se casar. Todavia, para que seja configurada a união estável, não é suficiente que as partes apenas passem a viver juntas, como acontece aqui.

A legislação francesa prevê que elas precisam ir até o tribunal competente da região em que vivem, pessoalmente, portando os documentos necessários, e requerer o reconhecimento dessa situação. A partir desse momento, é realizado todo um procedimento de registro, que constará na certidão de nascimento das partes, ou seja, não é um procedimento nada simples.

No Brasil, a união estável pode ser constituída de duas formas, basicamente. Na primeira, as partes vão até o cartório e realizam um contrato de união estável, ocasião em que podem definir o regime de bens. Além disso, conforme redação do parágrafo 2º do art. 57 da Lei de Registros Públicos, "Os conviventes em união estável devidamente registrada no registro civil de pessoas naturais poderão requerer a inclusão de sobrenome de seu companheiro, a qualquer tempo, bem como alterar seus sobrenomes nas mesmas hipóteses previstas para as pessoas casadas" (Brasil, 1973).

A segunda forma é a que acontece na maioria dos casos, ou seja, as partes apenas constituem a família de fato, sem dar maiores explicações ao Poder Público. Nesse último caso, contudo, diante da inexistência de uma manifestação expressa de vontade, o relacionamento precisa ter algumas características para ser reconhecido e, por conseguinte, gerar efeitos jurídicos.

5.1 Características da união estável

A união estável apresenta algumas características que a aproximam muito de um namoro ou noivado. Em virtude disso, na atualidade, é bastante comum que as pessoas que não têm o objetivo de constituir uma família realizem o chamado *contrato de namoro*, que é registrado em cartório.

O objetivo dele é deixar clara a intenção das partes envolvidas, evitando futuros problemas relacionados à divisão de bens, por exemplo. Entretanto, esse contrato não tem previsão legal, o que retira dele grande parte da segurança jurídica. De todo modo, ele poderá servir como uma prova forte da intenção das partes no caso de ajuizamento de uma ação judicial.

Buscando delimitar o que é namoro e o que é união estável, a lei definiu algumas características para esta última.

Dessa forma, para entender o que configura união estável, é necessário destrinchar a redação do art. 1.723 do Código Civil a fim de compreender os seguintes aspectos: (a) convivência pública; (b) contínua e duradoura; e (c) com o objetivo de constituir uma família etc.

5.1.1 Convivência pública

A primeira característica exigida pela lei para a configuração da união estável é a convivência pública. Como vimos anteriormente, a união estável tem muitas características em comum com um namoro, razão pela qual é importante que as pessoas que estejam nessa relação deixem bem clara sua vontade.

Desse modo, é necessário que a convivência seja notória no meio social dos companheiros, ou seja, os companheiros devem se apresentar perante seus amigos, conhecidos e familiares como se casados fossem.

É bastante comum, aliás, que as pessoas que estão em união estável apresentem seus parceiros como esposa ou marido. Isso acontece, inclusive, nas redes sociais. Estando demonstrada a convivência pública, o primeiro requisito para o reconhecimento da união estável está preenchido.

5.1.2 Convivência contínua e duradoura

Outra característica importante da união estável é que ela precisa ser contínua e duradoura. Embora não haja prazo mínimo para sua configuração, certo é que será muito difícil enquadrar como união estável o relacionamento de pessoas que estão juntas há dias, por exemplo.

O conceito de durar é muito relativo e, se for muito escasso, provavelmente dependerá de outros fatores. Por exemplo, se duas pessoas começaram um relacionamento há 15 dias, compraram um imóvel juntas e se apresentam para a sociedade como marido e esposa, o pouco tempo de relacionamento não será suficiente para excluir a união estável, que tem fortes indícios de estar configurada.

Por outro lado, se duas pessoas começaram o relacionamento há 15 dias, foram morar juntas, mas se apresentam perante a sociedade como namorados, dificilmente a união estável será reconhecida em eventual demanda judicial. Assim, em determinadas situações, tudo dependerá do caso concreto.

Ademais, a lei utiliza o termo *duradoura*, ou seja, não pode haver reiteradas interrupções. A família é um instituto muito importante e, para que exista, é preciso que as partes envolvidas estejam realmente comprometidas. O chamado "relacionamento ioiô" não se coaduna com esse objetivo.

5.1.3 Objetivo de constituição de uma família

Podemos afirmar que esse é um ponto essencial na configuração da união estável como uma família, pois as partes envolvidas têm a real intenção de constituir uma família, e suas ações seguem nesse sentido.

Essa intenção precisa estar clara. Embora as partes não tenham optado pelo casamento, devem agir como se casadas fossem, inclusive quanto ao cumprimento dos deveres do casamento, previstos no art. 1.566 do Código Civil.

5.2 Impedimentos

Tendo em vista que é equiparada ao casamento, a união estável tem alguns efeitos importantes a serem mencionados. O primeiro pode ser depreendido da leitura do parágrafo 1º do art. 1.723 do Código Civil, que assim prescreve:

> § 1º A união estável não se constituirá se ocorrerem os impedimentos do art. 1.521; não se aplicando a

incidência do inciso VI no caso de a pessoa casada se achar separada de fato ou judicialmente. (Brasil, 2002)

Portanto, não haverá união estável se ocorrerem os impedimentos previstos no art. 1.521, com exceção do inciso VI, se a pessoa se encontrar separada de fato. Vejamos, então, o que determina esse artigo:

> Art. 1.521. Não podem casar:
>
> I – os ascendentes com os descendentes, seja o parentesco natural ou civil;
>
> II – os afins em linha reta;
>
> III – o adotante com quem foi cônjuge do adotado e o adotado com quem o foi do adotante;
>
> IV – os irmãos, unilaterais ou bilaterais, e demais colaterais, até o terceiro grau inclusive;
>
> V – o adotado com o filho do adotante;
>
> VI – as pessoas casadas;
>
> VII – o cônjuge sobrevivente com o condenado por homicídio ou tentativa de homicídio contra o seu consorte. (Brasil, 2002)

Muitos dos impedimentos previstos na lei parecem bastante óbvios, pois somos ensinados, desde cedo, que o amor entre os ascendentes e os descendentes, bem como entre os irmãos e os tios, é completamente diferente do amor entre namorados, por exemplo.

Mas precisamos lembrar que vivemos em um país de dimensões continentais e, muitas vezes, não temos a menor noção do que acontece em alguns lugares. Na sociedade em que vivemos, é importante manter o distanciamento sexual entre pais e filhos, o que ocorre por alguns motivos. O primeiro deles diz respeito à proteção das crianças e dos adolescentes, pois sabemos que, infelizmente, alguns pais abusam sexualmente de suas filhas menores de idade. E isso acontece mesmo diante das graves consequências criminais. Aceitar a relação entre descendentes e ascendentes, assim como entre afins em linha reta (irmãos, por exemplo), criaria um precedente perigosíssimo. Assim, é fundamental que cada pessoa entenda qual é seu papel dentro das famílias.

Dessarte, quem está impedido de se casar também está impedido de constituir união estável, salvo no caso previsto no inciso VI, quando a pessoa, embora casada, estiver separada de fato.

Por fim, outro ponto relevante e, aparentemente, bastante óbvio diz respeito à proibição de o cônjuge sobrevivente constituir união estável com aquele condenado por matar ou tentar matar seu consorte. Essa situação seria, no mínimo, teratológica.

Interessante notar, ainda, que as causas suspensivas previstas no art. 1.523 do Código Civil não impedirão a caracterização da união estável, nos termos do parágrafo 2º do art. 1.723 do Código Civil: "As causas suspensivas do art. 1.523 não impedirão a caracterização da união estável" (Brasil, 2002).

Dessa maneira, a união estável não encontra obstáculos nos seguintes casos:

> Art. 1.523. Não devem casar:
>
> I – o viúvo ou a viúva que tiver filho do cônjuge falecido, enquanto não fizer inventário dos bens do casal e der partilha aos herdeiros;
>
> II – a viúva, ou a mulher cujo casamento se desfez por ser nulo ou ter sido anulado, até dez meses depois do começo da viuvez, ou da dissolução da sociedade conjugal;
>
> III – o divorciado, enquanto não houver sido homologada ou decidida a partilha dos bens do casal;

IV – o tutor ou o curador e os seus descendentes, ascendentes, irmãos, cunhados ou sobrinhos, com a pessoa tutelada ou curatelada, enquanto não cessar a tutela ou curatela, e não estiverem saldadas as respectivas contas. (Brasil, 2002)

É sempre importante observar, ademais, que aqueles que vivem em união estável devem obediência aos deveres de lealdade, respeito, assistência, guarda, sustento e educação dos filhos, nos termos do art. 1.724 do Código Civil.

5.3 Conversão da união estável em casamento

Como é possível imaginar, é interesse do Poder Público que a união estável seja convertida em casamento, visto que esse procedimento facilita muito futuros direitos pleiteados pelos companheiros quando ocorre a dissolução da união por vontade ou falecimento.

Em razão disso, a Constituição Federal prevê, em seu art. 226, parágrafo 3º:

Art. 226. A família, base da sociedade, tem especial proteção do Estado.

[...]

§ 3º Para efeito da proteção do Estado, é reconhecida a união estável entre o homem e a mulher como entidade familiar, devendo a lei facilitar sua conversão em casamento. (Brasil, 1988)

Com a leitura do artigo, podemos perceber que a ideia era facilitar o procedimento de conversão da união estável em casamento, porém, até que isso fosse implementado, foi percorrido um longo caminho.

De início, com o objetivo de regulamentar o mencionado dispositivo, foi editada a Lei n. 9.278, de 10 de maio de 1996, mas ela não explicitava o procedimento que deveria ser seguido, ou seja, não cumpriu a missão para a qual foi editada.

Em seguida, entrou em vigor o Código Civil, que prevê na redação de seu art. 1.726 o seguinte:

> Art. 1.726. A união estável poderá converter-se em casamento, mediante pedido dos companheiros ao juiz e assento no Registro Civil. (Brasil, 2002)

O citado artigo recebeu inúmeras críticas e é considerado inconstitucional por muitos doutrinadores. Isso porque torna o procedimento de conversão da união estável em casamento mais dificultoso do que o próprio casamento.

A Constituição foi objetiva ao estabelecer que o procedimento deveria ser simplificado, o que não acontece no presente caso, tendo em vista que os companheiros deveriam peticionar perante um juiz requerendo essa conversão, ou seja, o procedimento depende da intervenção judicial, com o pagamento de custas e a contratação de advogados.

Em resumo, enquanto, para casar, basta que as partes se dirijam ao cartório, para converter a união estável em casamento, elas precisariam da intervenção do Poder Judiciário.

O dispositivo permanece vigente, mas recebeu uma interpretação que se coaduna com o texto constitucional. Assim, somente seria necessária a intervenção judicial se os companheiros tivessem interesse em aplicar efeito retroativo à união estável, no que tange ao regime de bens.

Conforme explicam Farias e Rosenvald (2021, p. 552),

> A regra geral, portanto, é que os efeitos patrimoniais da conversão da união estável em casamento são *ex nunc*, não retroativos, mantendo-se, pois, a eficácia patrimonial da união estável até a data da sua conversão em casamento. Com isso, até esse momento, invocando o art. 1.725 da Lei Civil, a relação convivencial estará submetida ao regime da comunhão parcial de bens, salvo se existia contrato escrito em contrário. A partir da conversão, passará a prevalecer o regime eleito pelo casal e, no silêncio volitivo, será aplicável a comunhão parcial.

Contudo, aparentemente, a questão foi finalmente regulamentada com a entrada em vigor da Lei n. 14.382, de 27 de junho de 2022, que trouxe uma série de modificações em relação à Lei de Registros Públicos. Entre elas, foi determinada a inclusão do art. 70-A, que prevê o procedimento para a conversão do casamento em união estável. Vejamos:

> Art. 70-A. A conversão da união estável em casamento deverá ser requerida pelos companheiros perante o oficial de registro civil de pessoas naturais de sua residência.
>
> § 1º Recebido o requerimento, será iniciado o processo de habilitação sob o mesmo rito previsto para o casamento, e deverá constar dos proclamas que se trata de conversão de união estável em casamento.
>
> § 2º Em caso de requerimento de conversão de união estável por mandato, a procuração deverá ser pública e com prazo máximo de 30 (trinta) dias.
>
> 3º Se estiver em termos o pedido, será lavrado o assento da conversão da união estável em casamento, **independentemente de autorização judicial**, prescindindo o ato da celebração do matrimônio.

4º O assento da conversão da união estável em casamento será lavrado no Livro B, sem a indicação da data e das testemunhas da celebração, do nome do presidente do ato e das assinaturas dos companheiros e das testemunhas, anotando-se no respectivo termo que se trata de conversão de união estável em casamento. (Brasil, 2022, grifo nosso)

Portanto, a lei deixa clara a desnecessidade de autorização judicial para a conversão da união estável em casamento.

Note, ainda, que, no caso de o pedido estar em termos, o falecimento de uma das partes durante o processo de habilitação não representará óbice à conversão (art. 70-A, § 5º, Lei de Registros Públicos).

Quanto ao regime de bens, uma última observação é necessária. Quando os companheiros optarem pelo regime de comunhão universal de bens na conversão, todos os bens presentes e futuros se comunicarão, considerando-se que essa é uma característica do próprio regime.

Consultando a legislação

BRASIL. Constituição (1988). **Diário Oficial da União**, Brasília, DF, 5 out. 1988. Disponível em: <https://www.planalto.gov.br/ccivil_03/constituicao/constituicao.htm>. Acesso em: 15 mar. 2023.

BRASIL. Decreto-Lei n. 2.848, de 7 de dezembro de 1940. **Diário Oficial da União**, Poder Executivo, Rio de Janeiro, 31 dez. 1940. Disponível em: <https://www.planalto.gov.br/ccivil_03/decreto-lei/Del2848compilado.htm>. Acesso em: 15 mar. 2023.

> BRASIL. Lei n. 6.015, de 31 de dezembro de 1973. **Diário Oficial da União**, Poder Legislativo, Brasília, DF, 31 dez. 1973. Disponível em: <https://www.planalto.gov.br/ccivil_03/leis/l6015compilada.htm>. Acesso em: 15 mar. 2023.
>
> BRASIL. Lei n. 10.406, de 10 de janeiro de 2002. **Diário Oficial da União**, Poder Legislativo, Brasília, DF, 11 jan. 2002. Disponível em: <http://www.planalto.gov.br/ccivil_03/_ato2019-2022/2022/lei/L14406.htm>. Acesso em: 15 mar. 2023.

Síntese

Em que pese o fato de a união estável existir no mundo dos fatos há séculos, foi somente a partir da entrada em vigor da Constituição Federal de 1988 que começou a ser reconhecida como uma forma legítima de constituição familiar no Brasil. Para que a união estável exista, é preciso que estejam presentes as características seguintes: (a) convivência pública; (b) convivência contínua e duradoura; e (c) intenção de constituir família. Há situações em que esses atributos são muito fáceis de serem comprovados, como no caso em que os interessados vão ao cartório e registram essa intenção por meio de um contrato de união estável. No entanto, na maioria das vezes, isso não acontece, e não são raras as situações em que, após a dissolução da união, uma pessoa precisa ingressar em juízo para obter seus direitos.

A linha entre um namoro e a união estável é muito tênue às vezes, motivo pelo qual algumas pessoas, que não têm intenção de constituir família, estão procurando os cartórios para registrar os chamados *contratos de namoro*. Estes, embora não contem com real proteção legal, podem servir no futuro como uma prova da inexistência de um dos pressupostos da união estável, qual seja, a intenção de constituir família.

Ademais, é dever do Poder Público facilitar a conversão da união estável em casamento, em atendimento aos ditames constitucionais.

Questões para revisão

1) **Não** é uma característica da união estável:

   a. convivência pública.
   b. intenção de constituir família.
   c. diversidade de sexos.
   d. convivência contínua e duradoura.

2) É um dos deveres da união estável:

   a. residência sob o mesmo teto.
   b. ter filhos.
   c. registrar a união.
   d. respeito e consideração mútuos.

3) **Não** podem constituir união estável:

   a. pessoas casadas.
   b. pessoas homossexuais.
   c. pessoas que não pretendam viver sob o mesmo teto.
   d. pessoas que não têm a intenção de ter filhos.

4) Qual foi o marco essencial para que a união estável passasse a ser considerada como uma entidade familiar?

5) Qual é a conveniência em estabelecer o chamado *contrato de namoro*?

QUESTÕES PARA REFLEXÃO

1) A união estável existe no mundo dos fatos há anos. Então, por que somente em 1988 ela passou a ser reconhecida como entidade familiar?

2) Por que em outros países do mundo há uma resistência ao reconhecimento da união estável como família?

VI

Regime de bens no casamento e na união estável

CONTEÚDOS DO CAPÍTULO:

» Comunhão parcial de bens.
» Comunhão universal de bens.
» Participação final nos aquestos.
» Separação de bens.
» Mudança do regime de bens.

APÓS O ESTUDO DESTE CAPÍTULO, VOCÊ SERÁ CAPAZ DE:

1. identificar o melhor regime de bens para cada situação;
2. diferenciar os diversos regimes de bens existentes no ordenamento jurídico brasileiro;
3. entender os reflexos do regime de bens nas demais relações jurídicas dos cônjuges;
4. dialogar sobre a possibilidade de mudança de regime de bens.

Uma das decisões mais importantes que os noivos precisam tomar antes de casar diz respeito ao regime de bens que regulará a união. No Brasil, existem quatro regimes possíveis: comunhão parcial de bens; comunhão universal de bens; participação final nos aquestos; e separação de bens. Cada um deles tem características e peculiaridades que terão reflexos em relações jurídicas futuras, como a compra e venda de bens e a responsabilidade pelo pagamento de dívidas, ou mesmo nos casos em que a relação é extinta em razão do divórcio ou do falecimento de uma das partes. Ademais, o ordenamento jurídico possibilita às partes que modifiquem o regime posteriormente se entenderem que outro se adéqua melhor ao caso e desde que não haja prejuízos aos direitos de terceiros.

> **PARA SABER MAIS**
>
> Consulte a obra a seguir indicada para ampliar seus conhecimentos sobre o tema abordado neste capítulo.
>
> MADALENO, R. **Manual de direito de família**. 4. ed. Rio de Janeiro: Forense, 2022.

Ainda que o afeto seja um fator determinante na constituição das entidades familiares, é inegável que, a partir da existência das relações, surgem obrigações e direitos patrimoniais, pois da união entre pessoas se originam deveres, como a assistência mútua, o sustento e a educação dos filhos e a manutenção da casa.

Em razão disso, uma das escolhas que os nubentes precisam fazer antes de casar refere-se ao regime de bens que regulará aquela união. Essa mesma decisão pode ser tomada no caso dos contratos de união estável (art. 94-A, VII, Lei de Registros Públicos). Note, porém, que, quando as partes não registrarem a união estável, o regime vigente sempre será a comunhão parcial de bens.

No Brasil, tendo em vista regulamentar essas situações, existem os chamados *regimes de bens*, que estão previstos nos arts. 1.639 e seguintes do Código Civil.

6.1 Comunhão parcial de bens

O primeiro regime de bens previsto no Código Civil é o da comunhão parcial de bens, e suas regras estão estabelecidas a partir do art. 1.658. Nos dias de hoje, esse também é o regime escolhido pelo maior número de nubentes, considerando-se suas peculiaridades.

Nessa comunhão, comunicam-se os bens: (a) adquiridos por título oneroso em nome de apenas um dos cônjuges; (b) obtidos por fato eventual, independentemente do trabalho anterior; (c) decorrentes de doação, herança ou legado, desde que em favor de ambos os cônjuges; (d) relativos às benfeitorias realizadas sobre o bem particular de um dos cônjuges; e (e) os frutos percebidos na constância do casamento (art. 1.660, Código Civil).

Contudo, diferentemente do que pode parecer em um primeiro momento, existem bens que não se comunicam, e isso é estabelecido no art. 1.659 do Código Civil. Por se tratar da exceção, é muito importante conhecer seu teor. Vejamos:

> Art. 1.658. No regime de comunhão parcial, comunicam-se os bens que sobrevierem ao casal, na constância do casamento, com as exceções dos artigos seguintes.
>
> Art. 1.659. Excluem-se da comunhão:
>
> I – os bens que cada cônjuge possuir ao casar, e os que lhe sobrevierem, na constância do casamento, por doação ou sucessão, e os sub-rogados em seu lugar;

II – os bens adquiridos com valores exclusivamente pertencentes a um dos cônjuges em sub-rogação dos bens particulares;

III – as obrigações anteriores ao casamento;

as obrigações provenientes de atos ilícitos, salvo reversão em proveito do casal;

IV – os bens de uso pessoal, os livros e instrumentos de profissão;

V – os proventos do trabalho pessoal de cada cônjuge;

as pensões, meios-soldos, montepios e outras rendas semelhantes. (Brasil, 2002)

O primeiro inciso do artigo trata dos bens que cada cônjuge possuía antes de se casar, bem como daqueles adquiridos por doação ou sucessão, além dos sub-rogados em seu lugar.

Esse é, exatamente, o ponto que difere a comunhão parcial de bens da comunhão universal. Assim, tudo o que um dos cônjuges possuía antes da união continua sendo unicamente seu.

Digamos, por exemplo, que Maria adquiriu um apartamento em 2002. Cinco anos depois, ela se casa com Rogério sob o regime de comunhão parcial de bens. Após a união, ambos compram uma casa. Considerando-se o regime de bens adotado pelo casal, o apartamento adquirido em 2002 é somente de Maria. Ademais, como a casa foi adquirida na constância do casamento, é metade de Maria e metade de Rogério.

Já o segundo inciso faz referência a uma situação um pouco diferente, pois estabelece que também não se comunicam os bens adquiridos com valores pertencentes exclusivamente a um dos cônjuges, em sub-rogação aos bens particulares. Desse modo, utilizando-se o exemplo anterior, imagine que Maria, no ano de 2009, vende o apartamento e, com o dinheiro, compra um carro. Nesse caso, o carro se sub-rogou no lugar do apartamento, razão pela qual ele pertence somente a Maria.

Os incisos seguintes tratam de obrigações anteriores ao casamento ou decorrentes de ilícitos. Em ambos os casos, a obrigação permanece somente com aquele que a criou. Mas é importante uma ressalva: caso a obrigação proveniente de ilícito tenha sido revertida em proveito do casal, ela se comunicará.

Além disso, o texto legal estabelece que bens pessoais como livros e instrumentos de profissão, os proventos do trabalho de cada cônjuge ou, ainda, as pensões e rendas semelhantes também não se comunicam. E esse apontamento é muito relevante, pois, embora casadas, as pessoas precisam manter sua individualidade.

Cabe destacar também que, ainda que a união estável seja, em regra, informal, poderá ser levada a registro. Nesses casos, as partes poderão escolher o regime de bens que vai regular a relação.

Se o relacionamento não for levado a registro ou as partes não fizerem a opção por um regime determinado, vigerá a comunhão parcial de bens (art. 1.725, Código Civil).

Vale notar, por fim, que os bens do casal respondem pelas dívidas contraídas por qualquer um dos cônjuges quando adquiridas para fazer frente aos encargos da família (art. 1.664, Código Civil).

Portanto, trata-se de um regime bastante dinâmico e eficiente na garantia dos bens particulares de cada cônjuge, após o casamento.

6.2 Comunhão universal de bens

Embora o regime de comunhão parcial de bens seja o mais comum nos dias de hoje, esse posto já foi ocupado pela comunhão universal de bens, que era o regime legal do Código Civil de 1916 e que vigorou até o início de 2003.

Na comunhão universal, comunicam-se os bens presentes e futuros. Sua previsão legal consta a partir do art. 1.667 do Código Civil:

> Art. 1.667. O regime de comunhão universal importa a comunicação de todos os bens presentes e futuros dos cônjuges e suas dívidas passivas, com as exceções do artigo seguinte.

Em um primeiro momento, o texto da lei pode passar a impressão de que a comunicação ocorre em relação a absolutamente todos os bens, sem exceção, mas isso não ocorre. E é a própria lei que apresenta, no artigo seguinte, aqueles que estarão excluídos da comunhão:

> Art. 1.668. São excluídos da comunhão:
>
> I – os bens doados ou herdados com a cláusula de incomunicabilidade e os sub-rogados em seu lugar;
>
> II – os bens gravados de fideicomisso e o direito do herdeiro fideicomissário, antes de realizada a condição suspensiva;
>
> III – as dívidas anteriores ao casamento, salvo se provierem de despesas com seus aprestos, ou reverterem em proveito comum;
>
> IV – as doações antenupciais feitas por um dos cônjuges ao outro com a cláusula de incomunicabilidade;
>
> V – Os bens referidos nos incisos V a VII do art. 1.659.
> (Brasil, 2002)

O primeiro inciso trata das cláusulas de incomunicabilidade de bens doados ou herdados. Trata-se de uma limitação imposta pelo doador ou testador para a proteção do donatário ou herdeiro. Digamos, por exemplo, que João é pai de Ana, que, por sua vez, é casada com Eduardo sob o regime de comunhão universal de bens

João possui um apartamento e quer doá-lo à sua filha, porém não quer que esse apartamento seja dividido com Eduardo, no caso de uma eventual separação. Em razão disso, no contrato de doação ele inclui uma cláusula de incomunicabilidade, fazendo com que o bem seja apenas de Ana.

Já o inciso II refere-se às questões envolvendo os bens gravados de fideicomisso. Este é um instituto de direito civil no qual o testador determina que, acontecendo uma situação específica, o legatário repasse o bem herdado a outra pessoa. Considerando-se o exemplo anterior, João determina, em seu testamento, que deixará para sua filha Ana um apartamento como legado. Contudo, caso Ana se divorcie de Eduardo, o apartamento deverá ser destinado à sua neta, Clara.

O inciso III trata das dívidas anteriores ao casamento, desde que estas não tenham sido revertidas em favor dos cônjuges.

Por sua vez, o inciso IV cuida das doações antenupciais feitas por um dos cônjuges ao outro, com cláusula de incomunicabilidade.

Por fim, o inciso V faz referência às hipóteses previstas nos incisos V e VII do art. 1.659 e dizem respeito aos bens de uso pessoal, bem como aos proventos do trabalho pessoal de cada um dos cônjuges.

Note, ainda, que, embora esses bens estejam excluídos da comunhão, a mesma regra não se estende aos frutos percebidos ou vencidos durante o casamento (art. 1.669, Código Civil).

6.3 Participação final nos aquestos

A participação final nos aquestos é o regime de bens menos conhecido e utilizado no Brasil. Nele, cada cônjuge possui patrimônio próprio, mas os bens adquiridos na constância da união, a título oneroso, serão divididos entre eles em caso de dissolução do casamento.

Nos termos dos arts. 1.672 e 1.673:

> Art. 1.672. No regime de participação final nos aquestos, cada cônjuge possui patrimônio próprio, consoante disposto no artigo seguinte, e lhe cabe, à época da dissolução da sociedade conjugal, direito à metade dos bens adquiridos pelo casal, a título oneroso, na constância do casamento.
>
> Art. 1.673. Integram o patrimônio próprio os bens que cada cônjuge possuía ao casar e os por ele adquiridos, a qualquer título, na constância do casamento.
>
> Parágrafo único. A administração desses bens é exclusiva de cada cônjuge, que os poderá livremente alienar, se forem móveis. (Brasil, 2002)

Nesse regime, ocorrendo a dissolução do casamento, é feita uma apuração dos aquestos, excluindo-se os bens referentes ao patrimônio próprio de cada cônjuge (art. 1.674, Código Civil).

6.4 Separação de bens

No regime de separação, os bens adquiridos pelas partes não se comunicam, nos termos dos arts. 1.687 e 1. 688 do Código Civil:

> Art. 1.687. Estipulada a separação de bens, estes permanecerão sob a administração exclusiva de cada um dos cônjuges, que os poderá livremente alienar ou gravar de ônus real.
>
> Art. 1.688. Ambos os cônjuges são obrigados a contribuir para as despesas do casal na proporção dos rendimentos de seu trabalho e de seus bens, salvo estipulação em contrário no pacto antenupcial. (Brasil, 2002)

Assim, digamos que Maria e Rogério se casem sob o regime de separação de bens. Durante a união, Maria compra dois apartamentos e Rogério compra uma casa. Cada bem pertence exclusivamente a quem o adquiriu. Caso Maria e Rogério se separem, ela ficará com os apartamentos e ele com a casa.

É um regime bastante interessante para aquelas pessoas que, embora queiram unir a vida com outra pessoa, têm ressalvas quanto à união dos bens.

6.5 Mudança do regime de bens

Como vimos, é muito importante escolher o regime de bens mais adequado aos anseios do casal, que devem fazer essa opção no pacto antenupcial, o qual deve ser formalizado por escritura pública, conforme prevê o art. 1.653 do Código Civil:

> Art. 1.653. É nulo o pacto antenupcial se não for feito por escritura pública, e ineficaz se não lhe seguir o casamento. (Brasil, 2002)

Ademais, seus efeitos perante terceiros somente ocorrerão após o registro em livro especial, pelo oficial de registro de imóveis:

> Art. 1.657. As convenções antenupciais não terão efeito perante terceiros senão depois de registradas, em livro especial, pelo oficial do Registro de Imóveis do domicílio dos cônjuges. (Brasil, 2002)

No entanto, as partes podem, posteriormente, requerer a modificação do regime de bens, desde que haja autorização judicial a partir de um pedido motivado, sendo apuradas as razões apresentadas e ressalvados os direitos de terceiros (art. 1.639, Código Civil).

O procedimento judicial para tanto está previsto no art. 734 do Código de Processo Civil. Desse modo, aqueles que têm interesse na mudança do regime de bens devem peticionar ao Poder Judiciário, explicando as razões pelas quais estão pleiteando a modificação.

Depois de receber a petição inicial, o juiz abrirá vista dos autos ao representante do Ministério Público, bem como determinará a publicação de edital, com prazo de 30 (trinta) dias, buscando tonar público esse interesse e, por conseguinte, resguardar os direitos de terceiros.

Não havendo obstáculos, o pedido será julgado procedente e, após o trânsito em julgado, serão expedidos mandados de averbação aos cartórios de registro civil e de imóveis, bem como ao Registro Público de Empresas Mercantis e Atividades Afins, quando algum dos sócios for empresário.

> **CONSULTANDO A LEGISLAÇÃO**
>
> BRASIL. Constituição (1988). **Diário Oficial da União**, Brasília, DF, 5 out. 1988. Disponível em: <https://www.planalto.gov.br/ccivil_03/constituicao/constituicao.htm>. Acesso em: 15 mar. 2023.
>
> BRASIL. Lei n. 6.015, de 31 de dezembro de 1973. **Diário Oficial da União**, Poder Legislativo, Brasília, DF, 31 dez. 1973. Disponível em: <https://www.planalto.gov.br/ccivil_03/leis/l6015compilada.htm>. Acesso em: 15 mar. 2023.
>
> BRASIL. Lei n. 10.406, de 10 de janeiro de 2002. **Diário Oficial da União**, Poder Legislativo, Brasília, DF, 11 jan. 2002. Disponível em: <http://www.planalto.gov.br/ccivil_03/_ato2019-2022/2022/lei/L14406.htm>. Acesso em: 15 mar. 2023.

Síntese

No Brasil, existem quatro regimes de bens: comunhão parcial de bens; comunhão universal de bens; participação final nos aquestos; e separação de bens. No regime de comunhão parcial de bens, comunicam-se apenas os bens adquiridos pelos cônjuges após a constituição da união. Os bens que eles possuíam antes continuam sendo seus bens particulares. No regime de comunhão universal de bens, comunicam-se todos os bens dos cônjuges, inclusive aqueles que eles possuíam antes da união. Na separação final dos aquestos, cada cônjuge tem seu próprio patrimônio e, ocorrendo a dissolução da união, terá direito à metade dos bens adquiridos pelo casal a título oneroso. Na separação de bens, os patrimônios passados, presentes e futuros não se comunicam. Por fim, caso as partes tenham interesse, poderão requerer a modificação do regime de bens judicialmente, mas isso só será permitido caso não haja prejuízo a terceiros.

Questões para revisão

1) Regra geral, no regime de comunhão parcial de bens:

   a. comunicam-se todos os bens dos nubentes.
   b. comunicam-se os bens adquiridos na constância da união.
   c. nenhum bem se comunica.
   d. comunicam-se somente os bens imóveis.

2) No caso de união estável na qual os companheiros não optaram por nenhum regime de bens, qual deverá ser aplicado?

   a. Separação de bens.
   b. Separação final dos aquestos.

c. Comunhão parcial de bens.
d. Comunhão universal de bens.

3) Flávio é pai de Sandra, que, por sua vez, é casada com Felipe sob o regime de comunhão universal de bens. Flávio deseja doar um apartamento para Sandra, mas não gostaria que Felipe tivesse direito a ele no caso de uma separação. Para impedir que isso aconteça, ele deve incluir no contrato de doação do apartamento uma cláusula de:

a. inalienabilidade.
b. incomunicabilidade.
c. retrovenda.
d. preempção.

4) Quais são as consequências da cláusula de comunhão universal de bens?

5) É possível a mudança do regime de bens?

Questões para reflexão

1) Por que é importante pensar sobre o regime de bens antes do casamento?

2) Quais são as consequências de se optar pelo regime de separação de bens?

VII

Divórcio e dissolução de união estável

CONTEÚDOS DO CAPÍTULO:

» Histórico do divórcio.
» O divórcio na atualidade.
» Divórcio judicial.
» Divórcio extrajudicial.
» Divórcio consular.

APÓS O ESTUDO DESTE CAPÍTULO, VOCÊ SERÁ CAPAZ DE:

1. identificar as peculiaridades do divórcio e da união estável;
2. contextualizar historicamente o divórcio;
3. compreender como funciona o processo de divórcio e da dissolução da união estável nos dias de hoje;
4. diferenciar divórcio judicial e de extrajudicial;
5. entender como funciona o divórcio consular.

Por muito tempo, o casamento foi considerado uma relação vitalícia; assim, uma vez realizado, não poderia mais ser desfeito. Isso trazia uma série de problemas, visto que quem estivesse infeliz no casamento tinha duas saídas: permanecer na relação ou separar-se de fato. Pode até parecer que essa última saída era mais fácil e digna, mas não era bem assim. Quem se separasse precisaria arcar com o peso do julgamento da sociedade, o que era mais problemático em relação às mulheres. Entretanto, tudo começou a mudar com a entrada em vigor da Lei n. 6.515, de 26 de dezembro de 1977, denominada Lei do Divórcio (Brasil, 1977). Foi o primeiro passo para a regulamentação do instituto no Brasil. Atualmente, as regras foram expressivamente modificadas, buscando-se facilitar ao máximo a medida, que pode ser realizada, inclusive, extrajudicialmente, desde que as partes estejam de acordo, não haja filhos incapazes e a mulher não esteja grávida.

> **PARA SABER MAIS**
>
> Recomendamos a leitura da obra a seguir indicada para que você aprofunde o conteúdo deste capítulo.
>
> MADALENO, R. **Manual de direito de família**. 4. ed. Rio de Janeiro: Forense, 2022.

Não é de hoje que as relações humanas têm um alto grau de instabilidade, porém, em um mundo cada vez mais líquido, essa característica é potencializada. A instabilidade, contudo, nem sempre representa algo ruim, mormente porque, às vezes, permanecer em determinado estado causa prejuízos psicológicos muito maiores do que se mover em outra direção.

É exatamente o que acontece com o divórcio, pois, embora ninguém se case pensando em se divorciar, certamente esse instituto representa uma segurança para as partes envolvidas. Ter o direito de recomeçar após um rompimento atende ao princípio da dignidade humana, bem como ao princípio implícito da felicidade. Ademais, chega a ser perturbador pensar que muitas gerações que vieram antes de nós não tiveram esse direito.

7.1 Histórico do divórcio

Até a edição da Emenda Constitucional n. 9, de 28 de junho de 1977, um princípio marcante do casamento era a indissolubilidade. As pessoas se casavam para passar a vida inteira juntas, independentemente do que acontecesse. Todo tipo de situação era tolerada, pelo bem da família, ainda que isso, obviamente, tenha custado a saúde mental de muitos indivíduos.

Esse diploma, inspirado pela sociedade da época, modificou a redação do art. 175 da Constituição Federal de 1967, permitindo o divórcio. Antes disso, somente existia o desquite, que colocava fim ao casamento, sem dissolver o vínculo existente. Além disso, as pessoas que se divorciavam, principalmente as mulheres, eram marginalizadas. É em razão disso que essa emenda representa um pequeno mas significativo passo para uma nova fase no direito das famílias.

As regras, no entanto, eram bastante rígidas. A título de exemplo, o divórcio somente seria permitido após cinco anos de separação judicial, ou seja, as pessoas ingressavam em juízo pedindo a separação e só passados cinco anos é que, finalmente, conseguiriam extinguir o vínculo.

No decorrer dos anos, algumas modificações legislativas foram realizadas, porém foi somente em 2010, com a entrada em vigor da Emenda Constitucional n. 66, que a questão ficou estabelecida da forma como a conhecemos atualmente.

A mencionada emenda modificou o parágrafo 6º do art. 226 da Magna Carta de 1988, que, em sua redação original, previa que somente após um ano da separação judicial ou dois anos da separação de fato seria possível dissolver o vínculo matrimonial pelo divórcio.

Na atualidade, a dissolução do casamento independe de qualquer requisito ou prazo de separação fática, bastando a vontade das partes.

De toda sorte, podemos afirmar que, antes mesmo da entrada em vigor desses dispositivos, existia um pequeno problema em definir o casamento como indissolúvel, visto que sua dissolução sempre foi possível, se não pelo divórcio, pelo falecimento de qualquer das partes.

Hoje, é unânime o entendimento de que a felicidade, embora não prevista expressamente na Constituição, é um direito intrínseco de todo ser humano. Assim, o direito não pode obstar a busca da felicidade pelos indivíduos, mormente quando não há qualquer prejuízo social, uma vez que isso representaria uma ofensa direta à dignidade da pessoa humana.

Portanto, da mesma forma que as pessoas têm o direito de constituir uma família pelo casamento ou pela união estável, também têm o direito de encerrar esses relacionamentos quando não forem mais vantajosos para elas.

7.2 Divórcio na atualidade

Nos dias de hoje, o procedimento do divórcio está bastante facilitado, tendo em vista as regras estabelecidas pela Emenda Constitucional n. 66/2010, que mudou a redação do art. 226, parágrafo 6º, da Constituição Federal.

O texto original previa que o divórcio somente seria possível se as partes estivessem separadas judicialmente há mais de 1 (um) ano ou de fato por mais de 2 (dois) anos. Desse modo, essa pequena mas relevantíssima modificação representou um incontestável avanço sobre o procedimento.

Além de não existir mais a obrigatoriedade de prazo de separação anterior para a realização do divórcio, ele pode ser realizado judicial ou extrajudicialmente.

7.2.1 Divórcio judicial

O divórcio judicial segue as normas estabelecidas pelo Código de Processo Civil e pode ser litigioso ou consensual. O primeiro passo para quem tem interesse nesse procedimento é procurar um advogado ou a Defensoria Pública, pois é necessário apresentar uma petição inicial, na qual devem constar o nome e a qualificação das partes, os fatos, os dispositivos legais que justificam a medida e o pedido.

Caso o divórcio seja consensual, ou seja, ambas as partes estejam de acordo com a medida, basta que a petição seja assinada por ambos os cônjuges. Nesse caso, o procedimento deve seguir o rito disposto nos arts. 731 e seguintes do Código de Processo Civil e é muito mais rápido. O procedimento é o mesmo para a extinção consensual da união estável.

Em todo caso, é essencial determinar quem é o juízo competente para analisar a questão, o que é feito a partir da análise dos incisos do art. 53 do Código de Processo Civil:

> Art. 53. É competente o foro:
>
> I – para a ação de divórcio, separação, anulação de casamento e reconhecimento ou dissolução de união estável:
> a) de domicílio do guardião de filho incapaz;

b) do último domicílio do casal, caso não haja filho incapaz;

c) de domicílio do réu, se nenhuma das partes residir no antigo domicílio do casal;

d) de domicílio da vítima de violência doméstica e familiar, nos termos da Lei nº 11.340, de 7 de agosto de 2006 (Lei Maria da Penha). (Brasil, 2015)

Portanto, depois de definir qual é o juiz competente para analisar a questão, a petição inicial é protocolada, passando pelo registro e pela distribuição, quando o processo é encaminhado ao magistrado competente.

Note, ainda, que, além do divórcio, é importante que as partes requeiram a resolução das demais situações atinentes à relação conjugal, como divisão patrimonial, guarda e alimentos para os filhos, direito de visita etc., até mesmo por uma questão de economia processual.

Um ponto bastante interessante sobre o divórcio é que a discórdia de uma das partes não impede o procedimento. Você provavelmente já viu alguma novela brasileira mais antiga na qual uma das partes não conseguia o divórcio porque a outra se recusava a aceitar. Isso realmente acontecia.

Todavia, nos dias de hoje, se uma das partes não quer mais manter o relacionamento, isso é suficiente para o divórcio ser determinado. Ademais, a ausência de resolução de outras questões pertinentes, como guarda e alimentos, não pode representar óbice ao deferimento, razão pela qual muitas vezes os magistrados extinguem o processo parcialmente, com resolução de mérito, em relação ao divórcio, mas a demanda continua tramitando, para que as demais questões sejam resolvidas.

A ideia é facilitar a questão o máximo possível e, nesse ponto, as medidas consensuais ganham grande relevância. É fundamental sempre ter em mente que, em toda e qualquer questão que envolva o processo civil, a solução consensual sempre deve ser buscada, pois representa um dos princípios do processo, expresso no art. 3º do Código de Processo Civil:

> Art. 3º Não se excluirá da apreciação jurisdicional ameaça ou lesão a direito.
> § 1º É permitida a arbitragem, na forma da lei.
> § 2º O Estado promoverá, sempre que possível, a solução consensual dos conflitos.
> § 3º A conciliação, a mediação e outros métodos de solução consensual de conflitos deverão ser estimulados por juízes, advogados, defensores públicos e membros do Ministério Público, inclusive no curso do processo judicial. (Brasil, 2015)

Por conseguinte, ainda que o processo seja litigioso, técnicas de resolução consensual devem ser utilizadas com o objetivo de colocar fim ao conflito da forma mais harmônica possível.

Outro ponto relevante sobre esse procedimento é que ele correrá em segredo de justiça, buscando-se garantir a privacidade das partes envolvidas (art. 189, II, Código de Processo Civil). Portanto, diferentemente dos processos em geral, que são públicos, os relativos ao divórcio terão restrição de acesso. Outrossim, havendo filhos incapazes, o Ministério Público deverá ser intimado para se manifestar (art. 178, II, Código de Processo Civil).

Estando o pedido em termos, o magistrado, após a instrução processual, julgará procedente a pretensão e extinguirá a fase de conhecimento com resolução de mérito, determinando a expedição de mandado de averbação do divórcio, que será encaminhado ao cartório competente.

Outra questão significativa é a atuação que muitos tribunais, com a cooperação do Ministério Público, têm tido na resolução desse tipo de conflito. No Paraná, por exemplo, as pessoas hipossuficientes que querem se divorciar de modo consensual podem recorrer ao Programa Justiça no Bairro, por meio do qual todo o procedimento é realizado na hora, ainda que existam filhos ou bens.

A dissolução da união estável pela via judicial também é possível. Caso a união estável tenha sido levada a registro, a ação tratará apenas da dissolução e demais questões atinentes ao relacionamento do casal, como guarda dos filhos e alimentos. Já se o relacionamento não tiver sido registrado e uma das partes negar sua existência, será necessário ingressar com uma ação de reconhecimento e dissolução de união estável.

7.2.2 Divórcio extrajudicial

Entre as vantagens de se requerer o divórcio extrajudicial está o fato de que ele é muito mais célere e barato do que o realizado pela via judicial. Ele é possível quando há consenso entre o casal e uma vez que não existam filhos incapazes.

Note que a regra do divórcio em cartório se aplica também à dissolução da união estável, desde que preenchidos os mesmos requisitos, na forma prevista no art. 733 do Código de Processo Civil:

> Art. 733. O divórcio consensual, a separação consensual e a extinção consensual de união estável, não havendo nascituro ou filhos incapazes e observados os requisitos legais, poderão ser realizados por escritura pública, da qual constarão as disposições de que trata o art. 731.
>
> § 1º A escritura não depende de homologação judicial e constitui título hábil para qualquer ato de registro, bem como para levantamento de importância depositada em instituições financeiras.

§ 2º O tabelião somente lavrará a escritura se os interessados estiverem assistidos por advogado ou por defensor público, cuja qualificação e assinatura constarão do ato notarial. (Brasil, 2015)

Portanto, indubitáveis são as vantagens de se realizar o divórcio ou a dissolução da união estável pela via extrajudicial.

7.2.3 Divórcio consular

Assim como o casamento, o divórcio é um fato da vida que ocorre com bastante frequência. Ele representa o rompimento da relação conjugal quando o casamento não se mostra mais adequado para uma ou ambas as partes.

Como vimos anteriormente, o divórcio atualmente é legalizado em quase todos os países do mundo, com exceção do Vaticano e das Filipinas. Assim, para os habitantes desses países, a única solução seria pedir a anulação do casamento, o que, além de ser um processo trabalhoso e demorado, não raro acaba sendo julgado improcedente.

Embora possa parecer estranha a mencionada sistemática, não cabe a nós julgar a legislação alienígena, pois as questões culturais são demasiadamente complexas para serem enfrentadas por quem é de fora. Contudo, no Brasil, não há dúvidas de que o divórcio é medida que busca garantir a dignidade humana.

Seria impossível abordar adequadamente o tema em relação ao contexto de cada país do mundo ou mesmo dos países da América Latina. Qualquer esforço nesse sentido seria fadado ao fracasso, mormente diante das peculiaridades legislativas que cada local apresenta.

Em razão disso, optamos pelo direcionamento do estudo do divórcio consular de brasileiros, até por representar a maioria dos casos com que os operadores do direito têm contato durante sua atuação profissional.

Desde o ano de 2013, a Lei de Introdução das Normas do Direito Brasileiro (LINDB) – Decreto-Lei n. 4.657, de 4 de setembro de 1942 – prevê que o divórcio consensual poderá ser celebrado pelas autoridades consulares no estrangeiro. Vejamos o parágrafo 1º de seu art. 18:

> § 1º As autoridades consulares brasileiras também poderão celebrar a separação consensual e o divórcio consensual de brasileiros, não havendo filhos menores ou incapazes do casal e observados os requisitos legais quanto aos prazos, devendo constar da respectiva escritura pública as disposições relativas à descrição e à partilha dos bens comuns e à pensão alimentícia e, ainda, ao acordo quanto à retomada pelo cônjuge de seu nome de solteiro ou à manutenção do nome adotado quando se deu o casamento. (Brasil, 1942)

Verificamos, desse modo, que existem alguns requisitos para que o divórcio consular possa ser realizado, quais sejam:

» ser consensual;
» não existir filho menor ou incapaz;
» respeitar os prazos e requisitos legais;
» fazer constar em escritura pública as disposições atinentes à descrição e partilha dos bens comuns, bem como à pensão alimentícia e à manutenção do nome.

Celebrado o divórcio, ele poderá ser averbado diretamente no Cartório de Registro Civil das Pessoas Naturais, sem a necessidade de homologação pelo Superior Tribunal de Justiça (STJ).

Essa novidade foi estabelecida pelo Provimento n. 53, de 16 de maio de 2016, da Corregedoria do Conselho Nacional de

Justiça e está em consonância com a previsão contida no art. 961, parágrafo 5º, do Código de Processo Civil, que assim estabelece:

> Art. 961. A decisão estrangeira somente terá eficácia no Brasil após a homologação de sentença estrangeira ou a concessão do exequatur às cartas rogatórias, salvo disposição em sentido contrário de lei ou tratado.
>
> [...]
>
> § 5º A sentença estrangeira de divórcio consensual produz efeitos no Brasil, independentemente de homologação pelo Superior Tribunal de Justiça. (Brasil, 2015)

Cabe ressaltar que o ato dispensa a participação de advogado, bastando que o interessando apresente, no cartório brasileiro no qual consta o assentamento do casamento, cópia integral da sentença estrangeira definitiva. Os documentos, por óbvio, deverão estar acompanhados de tradução oficial juramentada.

De outro modo, não sendo o divórcio consensual, não poderá ser consular, e a decisão proferida pela justiça estrangeira precisará ser homologada pelo STJ.

Ponto que chama a atenção é o prazo estabelecido no parágrafo 6º do art. 7º da LINDB:

> § 6º O divórcio realizado no estrangeiro, se um ou ambos os cônjuges forem brasileiros, só será reconhecido no Brasil depois de 1 (um) ano da data da sentença, salvo se houver sido antecedida de separação judicial por igual prazo, caso em que a homologação produzirá efeito imediato, obedecidas as condições estabelecidas para a eficácia das sentenças estrangeiras no país. O Superior Tribunal de Justiça, na forma de seu regimento interno, poderá reexaminar, a requerimento do interessado, decisões já proferidas em pedidos de homologação de sentenças estrangeiras de divórcio de brasileiros, a fim de que passem a produzir todos os efeitos legais. (Brasil, 1942)

A maior parte da doutrina, entretanto, entende que não é aceitável a exigência de tal lapso temporal, visto que a medida não se coaduna com os ditames constitucionais ou com a realidade social.

> **CONSULTANDO A LEGISLAÇÃO**
>
> BRASIL. Constituição (1988). **Diário Oficial da União**, Brasília, DF, 5 out. 1988. Disponível em: <https://www.planalto.gov.br/ccivil_03/constituicao/constituicao.htm>. Acesso em: 15 mar. 2023.
>
> BRASIL. Lei n. 6.015, de 31 de dezembro de 1973. **Diário Oficial da União**, Poder Legislativo, Brasília, DF, 31 dez. 1973. Disponível em: <https://www.planalto.gov.br/ccivil_03/leis/l6015compilada.htm>. Acesso em: 15 mar. 2023.
>
> BRASIL. Lei n. 6.515, de 26 de dezembro de 1977. **Diário Oficial da União**, Poder Legislativo, Brasília, DF, 27 dez. 1977. Disponível em: <http://www.planalto.gov.br/ccivil_03/leis/l6515.htm>. Acesso em: 15 mar. 2023.
>
> BRASIL. Lei n. 10.406, de 10 de janeiro de 2002. **Diário Oficial da União**, Poder Legislativo, Brasília, DF, 11 jan. 2002. Disponível em: <https://www.planalto.gov.br/ccivil_03/leis/2002/l10406compilada.htm>. Acesso em: 15 mar. 2023.

SÍNTESE

A Lei n. 6.515/1977, que instituiu o divórcio pela primeira vez no Brasil, representou um grande avanço na garantia dos direitos dos indivíduos, prestigiando a dignidade da pessoa humana naquele contexto. Embora exigisse tempo mínimo de separação para ser deferido, foi um importante passo para a evolução do instituto que conhecemos atualmente.

Hoje, ele pode ser realizado judicial ou extrajudicialmente. Nesse último caso, há inúmeras vantagens de tempo e de custo, já que é muito mais rápido e barato. Contudo, sua realização depende da concordância das partes e da inexistência de filhos incapazes do casal ou de gravidez. Havendo uma dessas restrições, poderá ser realizado judicialmente por meio de processo litigioso ou consensual. Em todos os casos, o divórcio pode ser requerido independentemente do tempo pelo qual as partes estão separadas de fato.

QUESTÕES PARA REVISÃO

1) Em que ano foi promulgada a primeira lei que permitiu o divórcio no Brasil?

   a. 1916.
   b. 1944.
   c. 1977.
   d. 2002.

2) Quais são os requisitos para a realização do divórcio extrajudicial?

   a. Inexistência de filhos incapazes ou bens.
   b. Concordância entre as partes, inexistência de filhos incapazes ou de gravidez.
   c. Concordância das partes e inexistência de bens.
   d. Inexistência de filhos.

3) Para que o divórcio seja possível, é necessária:

   a. a concordância de ambos os cônjuges.
   b. a inexistência de filhos.
   c. a separação de fato por no mínimo 2 (dois) anos.
   d. a vontade real de qualquer uma das partes.

4) Quais são as vantagens da facilitação do divórcio?

5) O que é o divórcio consular?

Questões para reflexão

1) Quais são as vantagens do divórcio extrajudicial?

2) Quais são os problemas decorrentes da proibição do divórcio?

VIII

Conteúdos do capítulo:

» Filiação.
» Proteção dos filhos.
» Guarda.
» Alimentos.
» Poder familiar.
» Adoção.

Após o estudo deste capítulo, você será capaz de:

1. elencar os deveres dos pais em relação aos filhos;
2. compreender a razão pela qual se deve delimitar a guarda;
3. reconhecer a importância dos alimentos;
4. entender como funciona o processo de adoção.

Filiação

Até que atinjam a maioridade, as crianças e os adolescentes dependem do cuidado, do auxílio e da proteção de outras pessoas. Esses deveres são originalmente dos pais, que têm obrigações que ultrapassam as meramente materiais. Dar assistência psicológica e emocional é extremamente importante para o desenvolvimento dos infantes. Ademais, a situação fica mais complicada quando os pais são separados, pois, nesses casos, será necessária a tomada de decisão em relação aos filhos sobre muitos fatores, como guarda, alimentos, visita etc. Outra situação relevante é a que envolve adoção, uma vez que, cada vez mais, as pessoas estão abrindo espaço em sua vida para a criação do vínculo filial por meio desse procedimento.

> **PARA SABER MAIS**
>
> A obra indicada a seguir apresenta de modo prático o direito material e o direito processual civil previstos no Estatuto da Criança e do Adolescente.
>
> DI MAURO, R. G. **Procedimentos civis no Estatuto da Criança e do Adolescente**. 2. ed. São Paulo: Saraiva, 2017.

Durante séculos, o ordenamento jurídico brasileiro diferenciou os filhos nascidos dentro do casamento daqueles nascidos fora desse contexto. Somente a partir de 1949, com a entrada em vigor da Lei n. 883, é que foi permitido o reconhecimento dos filhos chamados *ilegítimos*.

Embora esse tenha sido considerado um avanço para a época, o novo diploma normativo não colocava fim à desigualdade existente, o que só foi possível com a promulgação da Constituição Federal de 1988, que, em seu art. 227, parágrafo 6º, estabelece:

Art. 227. É dever da família, da sociedade e do Estado assegurar à criança, ao adolescente e ao jovem, com absoluta prioridade, o direito à vida, à saúde, à alimentação, à educação, ao lazer, à profissionalização, à cultura, à dignidade, ao respeito, à liberdade e à convivência familiar e comunitária, além de colocá-los a salvo de toda forma de negligência, discriminação, exploração, violência, crueldade e opressão.

[...]

§ 6º Os filhos, havidos ou não da relação do casamento, ou por adoção, terão os mesmos direitos e qualificações, proibidas quaisquer designações discriminatórias relativas à filiação. (Brasil, 1988)

A mesma ideia de igualdade consta no art. 1.596 do Código Civil.

De outro giro, o casamento continua sendo um ponto importante para o reconhecimento de filhos, mesmo que seja na forma presumida, conforme determina o art. 1.597 do Código Civil:

Art. 1.597. Presumem-se concebidos na constância do casamento os filhos:

I – nascidos cento e oitenta dias, pelo menos, depois de estabelecida a convivência conjugal;

II – nascidos nos trezentos dias subsequentes à dissolução da sociedade conjugal, por morte, separação judicial, nulidade e anulação do casamento;

III – havidos por fecundação artificial homóloga, mesmo que falecido o marido;

IV – havidos, a qualquer tempo, quando se tratar de embriões excedentários, decorrentes de concepção artificial homóloga;

V – havidos por inseminação artificial heteróloga, desde que tenha prévia autorização do marido. (Brasil, 2002)

Portanto, o casamento gera a presunção de filiação, porém não é essencial para o reconhecimento da qualidade de filho. Ademais, nos dias de hoje, o exame de DNA tem colocado fim a qualquer controvérsia sobre a paternidade.

A filiação pode ser comprovada pela certidão de nascimento. Além disso, pode ser requerida pelo interessado judicialmente, o que pode ocorrer até mesmo após sua morte, nos termos do art. 1.606 do Código Civil.

Isso demonstra bem a importância psicológica que o reconhecimento de paternidade pode ter para os indivíduos, pois, muitas vezes, não haverá bens a serem herdados ou momentos a serem recuperados.

8.1 Proteção dos filhos

Entre os temas menos controvertidos do direito das famílias está o dever dos pais de proteger seus filhos de todo e qualquer malefício, seja físico, seja psicológico. É possível dizer que esse dever é inato e tem relação direta com nosso instinto de manutenção da espécie, responsável por estarmos aqui hoje.

Graças a isso, seja o ser humano, com sua incrível capacidade cerebral, seja um simples passarinho no campo, ambos vão alimentar, ensinar e proteger seus filhotes até que estes estejam fortes e independentes o suficiente para seguirem sozinhos.

Espantoso pensar que, até pouco tempo atrás, as crianças e os adolescentes não eram considerados sujeitos de direito, e sim objetos de tutela. Por aqui, a situação deles era regulada pelo chamado Código de Menores – Lei n. 6.697, de 10 de outubro de 1979 –, com o objetivo principal de tutelar situações envolvendo jovens em situação tida como "irregular".

A mudança de paradigma teve início com a entrada em vigor da Constituição Federal de 1988, que, em seu art. 277, prevê:

> Art. 227. É dever da família, da sociedade e do Estado assegurar à criança, ao adolescente e ao jovem, com absoluta prioridade, o direito à vida, à saúde, à alimentação, à educação, ao lazer, à profissionalização, à cultura, à dignidade, ao respeito, à liberdade e à convivência familiar e comunitária, além de colocá-los a salvo de toda forma de negligência, discriminação, exploração, violência, crueldade e opressão. (Brasil, 1988)

Note que a Constituição ampliou o rol de responsáveis pela proteção das crianças e dos adolescentes, na medida em que transfere esse dever não só à família, mas também à sociedade e ao Estado.

Dois anos depois da entrada em vigor da Constituição Federal de 1988, foi promulgado o Estatuto da Criança e do Adolescente – Lei n. 8.069, de 13 de julho de 1990 –, prevendo a proteção integral da criança e regulando inúmeras situações que acontecem na prática (Brasil, 1990).

Entretanto, como podemos imaginar, bem antes disso a comunidade internacional já se inclinava ao estudo e à regulamentação das situações envolvendo crianças e adolescentes, tendo em vista a relação direta com a dignidade da pessoa humana.

Entre os documentos mais importantes existentes está a Convenção sobre os Direitos da Criança, que foi apresentada pela Assembleia Geral das Nações Unidas no ano de 1989 e ratificada por 196 países, incluindo o Brasil, que a promulgou por meio do Decreto n. 99.710, de 21 de novembro de 1990.

8.2 Guarda

O termo *guarda* remete instantaneamente à ideia de proteção, e é exatamente isso que se busca com sua regulamentação legal. Segundo prescreve o art. 33 do Estatuto da Criança e do Adolescente,

> Art. 33. A guarda obriga a prestação de assistência material, moral e educacional à criança ou adolescente, conferindo a seu detentor o direito de opor-se a terceiros, inclusive aos pais.
>
> § 1º A guarda destina-se a regularizar a posse de fato, podendo ser deferida, liminar ou incidentalmente, nos procedimentos de tutela e adoção, exceto no de adoção por estrangeiros. (Brasil, 1990)

Logo, entendemos que o objetivo da guarda é garantir aos menores de 18 anos assistência de todas as espécies, bem como dar a eles a proteção necessária ao seu adequado desenvolvimento.

Regra geral, ela é exercida pelos pais, o que pode ser feito de modo unilateral, quando apenas um deles exerce esse dever, ou compartilhado, quando ele é desempenhado por ambos os genitores que não vivem sob o mesmo teto (art. 1.583, § 1º, Código Civil).

Em se tratando de guarda compartilhada, é importante que o convívio do filho com cada um dos pais seja dividido de maneira equilibrada. É muito comum, na prática, que os pais que exercem a guarda compartilhada residam em cidades diferentes. Nesse caso, buscando-se o melhor interesse da criança ou do adolescente, a moradia considerada como base será aquela que atender mais adequadamente aos seus interesses.

Em um mundo cada vez mais globalizado, não é incomum que, após o divórcio, muitas pessoas decidam mudar de país.

Desse fato surge a dúvida relativa à moradia dos filhos. Nesse ponto, é essencial ter em mente que os filhos têm direito à convivência familiar com ambos os pais, pois isso garante um bom desenvolvimento; então, o ideal nessas situações seria que as partes entrassem em um acordo sobre a situação.

No entanto, a questão geralmente não é tão simples. O mais comum em demandas dessa natureza é que o magistrado se decida pela manutenção do infante no país, ainda que isso represente a necessidade de inversão da guarda ou modificação da guarda compartilhada para unilateral, considerando-se que esta última pode, muitas vezes, ser inviável.

De toda sorte, aquele que não detém a guarda tem o dever de supervisionar todos os interesses de seu filho – de ordem física, psicológica, intelectual etc. (art. 1.583, § 5º, Código Civil).

Quanto à guarda, vale destacar que, em regra, o juiz tentará estabelecer a forma compartilhada, exceto se ela for contrária ao melhor interesse do menor. Ademais, quando os pais não estão aptos a desempenhar a guarda por qualquer motivo, ela é atribuída a outra pessoa, tendo sempre preferência aqueles que têm grau de parentesco e relações de afetividade com o infante.

É fundamental observar que aquele que não detém a guarda tem o direito de realizar visitas. Essa regra não se aplica apenas ao pai ou à mãe que não detém a guarda; vale também para avós, tios ou outras pessoas que mantenham vínculo com o infante.

Tudo dependerá, evidentemente, da análise do caso concreto, tendo em vista que o mais importante sempre é o atendimento ao melhor interesse da criança e do adolescente.

8.3 Alimentos

Os alimentos representam tanto o essencial à sobrevivência da pessoa (*necessarium vitae*) quanto o necessário ao seu desenvolvimento intelectual e cultural (*necessarium personae*). Nessa concepção estão abarcados a moradia, a alimentação, o vestuário, o lazer, a higiene, a educação, a cultura etc.

Trata-se de uma decorrência do princípio da solidariedade familiar, com vistas a garantir a dignidade da pessoa humana, especialmente daqueles que não podem se sustentar por conta própria. Ensinam Farias e Rosenvald (2021, p. 752):

> O escopo precípuo da família, então, passa a ser a solidariedade social e as demais condições necessárias ao aperfeiçoamento e ao progresso humano, regido o núcleo familiar pelo afeto, como mola propulsora. Abandona-se, como visto, um caráter institucionalista, matrimonializado, para compreender a família como um verdadeiro instrumento de proteção da pessoa humana que compõe.

Em razão disso, o dever de prestar alimentos não é apenas dos pais para com os filhos. Ela pode ocorrer em praticamente todas as relações parentais próximas. Assim, um pai pode pedir alimentos a seu filho, um irmão a outro, um neto a um avô, um ex-cônjuge ao outro etc.

Nesses casos, os parentes mais próximos excluem os mais distantes. Digamos que uma criança tenha um avô muito rico; mesmo assim, ela não pode requerer alimentos do avô sem antes demandá-los do pai. Esse salto só será possível em casos excepcionais, quando o parente mais próximo comprovadamente não tiver condições de prestar os alimentos por questões de saúde, falecimento, entre outras.

A questão dos alimentos também evoluiu nos últimos anos. Se, em um primeiro momento, os alimentos eram entendidos meramente como uma garantia de sobrevivência àqueles que não podiam sustentar-se por conta própria, hoje eles têm a função de assegurar, também, a evolução pessoal e intelectual, atendendo a uma das vertentes do princípio da solidariedade familiar.

No ordenamento jurídico pátrio, os alimentos estão regulados a partir do art. 1.694 do Código Civil e, em regra, devem ser pagos a pessoas que compõem o mesmo núcleo familiar, conforme previsão do *caput*:

> Art. 1.694. Podem os parentes, os cônjuges ou companheiros pedir uns aos outros os alimentos de que necessitem para viver de modo compatível com a sua condição social, inclusive para atender às necessidades de sua educação. (Brasil, 2002)

O montante devido a título de prestação alimentícia pode ser fixado por um magistrado com competência na área de família quando, geralmente, varia entre 10% e 30% dos ganhos do devedor ou, ainda, pode ser delimitado por meio de acordo entre as partes.

Para chegar ao montante mais adequado, é importante utilizar o binômio necessidade-possibilidade, ou seja, consideram-se o que o alimentando precisa e a renda do alimentante.

Além disso, as questões de natureza alimentar têm natureza humanitária, motivo pelo qual os governos de diversos países mantêm acordos de cooperação com o objetivo de fixar e executar a obrigação alimentar.

Em 1958, a Convenção de Nova Iorque sobre Prestação de Alimentos no Estrangeiro foi ratificada pelo Brasil. A norma visa à agilização e à uniformização de mecanismos para a cobrança e a fixação de alimentos nos casos em que alimentando e alimentado residem em países diversos.

Convém observar que, embora a maioria dos casos de pedido de pensão alimentícia envolva pais e filhos, essa prestação é devida em diversas outras situações, desde que envolva parentesco próximo entre as partes, necessidade de uma das partes e capacidade de outra.

Por fim, vale consignar que, após a fixação judicial, os alimentos são devidos até que outra seja proferida. É o que estabelece a Súmula n. 358 do Superior Tribunal de Justiça (STJ): "O cancelamento de pensão alimentícia de filho que atingiu a maioridade está sujeito à decisão judicial, mediante contraditório, ainda que nos próprios autos" (Brasil, 2023).

Nesse sentido, o fato de o alimentando alcançar a maioridade não libera o alimentante do cumprimento das obrigações. Para se desobrigar, ele deverá peticionar ao juízo competente, requerendo a exoneração da obrigação.

8.3.1 Alimentos no estrangeiro

Um dos principais problemas que aparecem durante o trâmite processual ou mesmo após a prolação de decisão definitiva diz respeito ao direito à pensão alimentícia dos filhos, o que se torna uma missão mais difícil quando o devedor reside em outro país.

Não é raro que os valores, ainda que irrisórios, não sejam pagos e seja necessário o início da fase executória, com o objetivo de forçar o devedor a adimplir o débito.

O Brasil prevê alguns mecanismos que buscam compelir o devedor ao pagamento, havendo, inclusive, a previsão constitucional de prisão, conforme estabelece o inciso LXVII do art. 5º da Magna Carta. É a única hipótese em que a prisão cível é permitida no país.

Mas, se já é difícil fixar e executar os alimentos quando o devedor mora no Brasil, imagine quando ele mora em outro país.

Para tentar solucionar esse tipo de situação, no dia 20 de junho de 1956 foi realizada em Nova Iorque a Convenção das Nações Unidas sobre Prestação de Alimentos no Estrangeiro. Naquele mesmo ano, no dia 31 de dezembro, o Brasil manifestou sua adesão à convenção, com a aprovação pelo Congresso Nacional do Decreto Legislativo n. 10, de 1958.

No preâmbulo da Convenção sobre a Prestação de Alimentos no Estrangeiro, fica claro o problema enfrentado pelas diversas nações do mundo com relação à cobrança de alimentos no estrangeiro.

Além do Brasil, outros 55 países ratificaram a convenção, como Alemanha, Argentina, Austrália, China, Cuba, Finlândia, Israel, Paquistão e Turquia.

A realização da convenção demonstra a grande relevância do tema em todo o mundo, bem como as dificuldades encontradas pelos poderes públicos de inúmeras nações em ver suas decisões serem cumpridas.

Ademais, muitas vezes era necessário que os Estados assumissem a responsabilidade pela manutenção daqueles que haviam sido abandonados materialmente.

O ano de realização da convenção evidencia que os problemas referentes à fixação e cobrança de alimentos quando devedor e credor não vivem no mesmo país não são uma questão recente.

No Brasil, a autoridade central responsável por receber e enviar os pedidos de cooperação jurídica internacional nas questões atinentes à prestação de alimentos é a Procuradoria-Geral da República. Em muitos locais em que não existe esse órgão, essas funções vêm sendo exercidas pela Defensoria Pública.

8.4 Poder familiar

O Código Civil de 2002 trata, a partir de seu art. 1.630, do chamado *poder familiar*. A nomenclatura foi uma novidade, visto que o Código Civil de 1916 adotava o termo *pátrio poder* para definir a superioridade do pai de família sobre seus filhos, bem como de sua esposa, o que revela a conotação machista da expressão.

Contudo, embora o atual nome dado ao instituto pareça adequado, recebeu crítica doutrinária por não estabelecer corretamente a relação. Isso porque, atualmente, os pais têm muito mais deveres com os filhos do que poderes sobre eles.

Sobre o tópico, consigna Dias (2021, p. 301):

> A expressão "poder familiar" adotada pelo Código Civil corresponde ao antigo pátrio poder, termo que remonta ao direito romano: *pater potestas* – direito absoluto e ilimitado conferido ao chefe da organização familiar sobre a pessoa dos filhos. A conotação machista do vocábulo é flagrante, pois só menciona o poder do pai com relação aos filhos.
>
> [...].
>
> O Código Civil de 1916 assegurava o pátrio poder exclusivamente ao marido como cabeça do casal, chefe da sociedade conjugal. Na sua falta ou impedimento é que a chefia da sociedade conjugal passava à mulher, que assumia o exercício do pátrio poder dos filhos. Tão perversa era a discriminação que, vindo a viúva a casar novamente, perdia o pátrio poder com relação aos filhos, independentemente da idade destes. Só quando enviuvava novamente é que recuperava o pátrio poder.

Assim, atendendo aos ditames constitucionais, foi necessária a modificação do termo, buscando-se dar igualdade de poderes a mães e pais.

Atualmente, na vigência do casamento ou da união estável, a ambos os pais compete o poder familiar. Somente quando houver impedimento de um deles o outro poderá exercer o poder com exclusividade. Note que a separação ou divórcio não tira de nenhum dos pais o poder familiar, que continuará sendo exercido por ambos.

Nesse sentido, é normal que surja uma dúvida: Caso os pais não entrem em consenso sobre a condição do filho, como a questão será resolvida?

A resposta, na verdade, é bastante simples. Não havendo consenso, qualquer um dos pais poderá recorrer ao Poder Judiciário, que decidirá sobre a situação.

Outra dúvida bastante comum é: Quem exerce o poder familiar sobre as crianças e os adolescentes que não têm pais?

Em situações como essas, o poder ainda existirá, mas será exercido pelo tutor do menor, nos termos do art. 1.633 do Código Civil.

Como dito anteriormente, o poder familiar é muito mais um dever familiar dos pais para com seus filhos, e isso pode ser facilmente verificado por meio da análise dos dispositivos legais que tratam do tema. Vejamos:

> Art. 1.634. Compete a ambos os pais, qualquer que seja a sua situação conjugal, o pleno exercício do poder familiar, que consiste em, quanto aos filhos:
>
> I – dirigir-lhes a criação e a educação;
>
> II – exercer a guarda unilateral ou compartilhada nos termos do art. 1.584;
>
> III – conceder-lhes ou negar-lhes consentimento para casarem;
>
> IV – conceder-lhes ou negar-lhes consentimento para viajarem ao exterior;

V – conceder-lhes ou negar-lhes consentimento para mudarem sua residência permanente para outro Município;

VI – nomear-lhes tutor por testamento ou documento autêntico, se o outro dos pais não lhe sobreviver, ou o sobrevivo não puder exercer o poder familiar;

VII – representá-los judicial e extrajudicialmente até os 16 (dezesseis) anos, nos atos da vida civil, e assisti-los, após essa idade, nos atos em que forem partes, suprindo-lhes o consentimento;

VIII – reclamá-los de quem ilegalmente os detenha;

IX – exigir que lhes prestem obediência, respeito e os serviços próprios de sua idade e condição. (Brasil, 2002)

De outro giro, necessário entender em que ocasiões haverá a suspensão ou a extinção do poder familiar, o que vem descrito no art. 1.635 do Código Civil. Em suma, a suspensão ou a extinção ocorrerá quando não for mais possível ou necessário seu exercício. Vejamos as situações apresentadas pelo texto legal:

Art. 1.635. Extingue-se o poder familiar:

I – pela morte dos pais ou do filho;

II – pela emancipação, nos termos do art. 5o, parágrafo único;

III – pela maioridade;

IV – pela adoção;

V – por decisão judicial, na forma do artigo 1.638. (Brasil, 2002)

A primeira situação decorre da lógica, pois, se falece um dos pais ou o filho, não há mais de se falar em poder familiar. No mesmo sentido é o que prescreve o inciso III.

Já a questão da emancipação decorre do preenchimento dos requisitos legais que demonstram que o jovem, com 16 anos ou mais, já apresenta condições de se sustentar e administrar a própria vida de modo independente. Nesse sentido, temos também o inciso III, que trata da maioridade.

O inciso IV, que se refere à adoção, precisa ser lido com cuidado, pois a destituição do poder familiar ocorre em relação aos genitores biológicos, mas, no mesmo momento, surge um novo poder familiar, agora dos pais adotivos.

Por fim, a lei trata da situação precisamente em seu art. 1.638.

> Art. 1.638. Perderá por ato judicial o poder familiar o pai ou a mãe que:
>
> I – castigar imoderadamente o filho;
>
> II – deixar o filho em abandono;
>
> III – praticar atos contrários à moral e aos bons costumes;
>
> IV – incidir, reiteradamente, nas faltas previstas no artigo antecedent;.
>
> V – entregar de forma irregular o filho a terceiros para fins de adoção. (Incluído pela Lei nº 13.509, de 2017);
>
> Parágrafo único. Perderá também por ato judicial o poder familiar aquele que: (Incluído pela Lei nº 13.715, de 2018)
>
> I – praticar contra outrem igualmente titular do mesmo poder familiar: (Incluído pela Lei nº 13.715, de 2018)
>
> a) homicídio, feminicídio ou lesão corporal de natureza grave ou seguida de morte, quando se tratar de crime doloso envolvendo violência doméstica e familiar ou menosprezo ou discriminação à condição de mulher; (Incluído pela Lei nº 13.715, de 2018)
>
> b) estupro ou outro crime contra a dignidade sexual sujeito à pena de reclusão; (Incluído pela Lei nº 13.715, de 2018)
>
> I – praticar contra filho, filha ou outro descendente: (Incluído pela Lei nº 13.715, de 2018)

a) homicídio, feminicídio ou lesão corporal de natureza grave ou seguida de morte, quando se tratar de crime doloso envolvendo violência doméstica e familiar ou menosprezo ou discriminação à condição de mulher; (Incluído pela Lei nº 13.715, de 2018)
b) estupro, estupro de vulnerável ou outro crime contra a dignidade sexual sujeito à pena de reclusão. (Incluído pela Lei nº 13.715, de 2018) (Brasil, 2002)

Os incisos I a V tratam de situações em que o poder familiar será destituído em razão da falta de responsabilidade, cuidado e atenção dos pais com os filhos. Já o inciso I do parágrafo único refere-se a crime cometido por um dos genitores contra o outro. Esses dispositivos são recentes e decorrem, especialmente, dos inúmeros casos de violência doméstica experimentada pelas mães. Já o inciso II enfoca crimes graves praticados pais contra seus filhos, como o estupro.

Dessarte, o legislador abrangeu inúmeras situações envolvendo a necessidade de destituição do poder familiar, principalmente em atenção às normas da Constituição Federal e do Estatuto da Criança e do Adolescente, buscando sempre o melhor interesse da criança e do adolescente.

8.5 Adoção

A adoção tem início quando alguém, impelido pela vontade de se tornar pai ou mãe, entra em uma fila cadastral, com a intenção de abrir espaço em sua vida para uma criança ou um adolescente que não tem seu sangue. Contudo, ela é uma via de mão dupla, que só se consuma quando o jovem aceita ingressar em determinada família.

O instituto encontra previsão legal a partir do art. 39 do Estatuto da Criança e do Adolescente e constitui uma forma extremamente genuína de constituição familiar. Adotar é gestar com o coração, pois exige dos pretendentes muito tempo e dedicação.

O primeiro passo para quem pretende adotar uma criança ou um adolescente é entrar em contato com a Vara de Infância e da Juventude de sua cidade para solicitar informações sobre os documentos necessários. A depender do estado em que o requerimento é feito, o procedimento tem algumas peculiaridades, porém podemos resumi-lo da seguinte forma:

» Munido dos documentos necessários, o interessado deve ir até a Vara de Infância e Juventude de sua cidade levando consigo os documentos necessários.

» No local, é necessário preencher uma ficha.

» Os documentos são encaminhados ao representante do Ministério Público, que poderá solicitar documentos complementares.

» Uma equipe multidisciplinar do Poder Judiciário avalia os candidatos.

» Os candidatos, então, precisam passar por um curso preparatório de adoção.

» O magistrado competente analisa os documentos juntados, o estudo psicossocial e a certificação de participação no curso e decide sobre a habilitação dos candidatos.

» Deferida a habilitação, o nome do postulante é cadastrado no sistema nacional.

» A partir daí, o sistema busca compatibilizar o perfil escolhido pelo adotante com o de alguma criança que esteja apta à adoção.

» Havendo compatibilidade entre as partes, inicia-se o período de convivência.

» No dia seguinte ao estágio de convivência, os pretendentes têm 15 (quinze) dias para propor a ação de adoção, que terá duração de 120 (cento e vinte dias), prorrogável pelo mesmo período uma única vez.

» Por fim, o adotante se torna pai ou mãe.

Note, ainda, que essa situação não representa qualquer obstáculo ao reconhecimento da criança ou adolescente como filho do adotante, que terá todos os direitos e deveres de um filho biológico. Portanto, finalizado o processo de adoção, não há qualquer distinção legal entre os filhos biológicos e os adotados.

A mesma regra vale para os pais, que passam a ter os mesmos direitos dos biológicos, inclusive em se tratando de questões trabalhistas. No ano de 2016, o Supremo Tribunal Federal (STF), no julgamento do RE n. 778.889/PE, relatado pelo Ministro Luís Roberto Barroso, reconheceu que as mães por adoção têm direito ao mesmo prazo de licença-maternidade das mães biológicas (Brasil, 2016b).

Essa decisão vale independentemente da idade do adotado, pois o objetivo não se restringe aos cuidados que um recém-nascido exigiria. A adoção demanda questões bastante complexas, e conceder às partes um tempo de qualidade para que se conheçam e se adaptem uma à outra é essencial para o adequado processo.

Embora seja um instituto muito importante, a adoção é uma medida excepcional, que só deve ocorrer quando, após esgotadas todas as tentativas, não for possível manter a criança ou o adolescente em sua família natural ou extensa.

Para que a adoção seja possível, o adotando deve ter, no máximo, 18 anos na data em que o pedido é feito, ressalvadas as situações em que já havia guarda ou tutela por parte dos adotantes.

Ademais, o adotante precisa ter mais de 18 anos, não havendo exigência quanto ao seu estado civil, e ter, no mínimo, 16 anos a mais que o adotando.

Contudo, a lei prevê alguns impedimentos, como a impossibilidade de adoção por parte dos ascendentes ou dos irmãos do adotando. Caso a adoção seja conjunta, deve ser comprovado que os adotantes são casados ou vivem em união estável.

Além disso, ela depende do consentimento dos pais ou do representante legal do adotando, com exceção dos casos em que estes tenham sido destituídos do poder familiar. Caso o adotando tenha mais de 12 anos, sua vontade também será considerada.

Na vida real, sabemos que as crianças e os adolescentes que estão disponíveis para adoção, em regra, passaram por situações muito difíceis. Na maioria das vezes, eles são originários de lares violentos, com pais usuários de drogas que não lhes garantem sequer alimentos. A situação de abandono é latente, e os traumas são, infelizmente, bastante comuns.

Não por outro motivo é que os tribunais têm um rígido sistema de preparação nos casos de adoção, que vai além da análise socioeconômica dos pretendentes. Aquele que tem a intenção de adotar precisa participar de cursos e palestras, passar por entrevistas com psicólogos, receber a visita de assistentes sociais, entre outras ações. O processo para quem busca adotar um bebê pode durar muitos anos. A persistência é um dos fatores que demonstram que uma pessoa realmente está apta a receber uma criança ou adolescente em sua vida, dando-lhe a condição de filho com todas as proteções e todos os cuidados inerentes à filiação.

O propósito desse processo tão complexo é garantir que os adotantes estejam prontos para receber o adotado, com todas as suas peculiaridades, pois não são raras as vezes em que os pais idealizam os filhos que terão. Assim, busca-se o melhor interesse da criança, já que o preparo dos interessados reduz consideravelmente o número de devoluções, que causam ainda mais traumas às crianças e aos adolescentes.

O procedimento está previsto a partir do art. 46 do Estatuto da Criança e do Adolescente:

> Art. 46. A adoção será precedida de estágio de convivência com a criança ou adolescente, pelo prazo máximo de 90 (noventa) dias, observadas a idade da criança ou adolescente e as peculiaridades do caso. (Redação dada pela Lei nº 13.509, de 2017) (Brasil, 1990)

No entanto, esse período poderá ser dispensado quando o adotante já tiver a guarda ou a tutela do adotando por tempo suficiente para a análise da convivência (art. 46, § 1º, Estatuto da Criança e do Adolescente). Por outro lado, o prazo de 90 (noventa) dias poderá ser prorrogado por mais 90 (noventa dias) caso o Juiz entenda necessário (art. 46, § 2º-A, Estatuto da Criança e do Adolescente).

8.5.1 Adoção internacional

Um dos grandes méritos da Constituição Federal de 1988 diz respeito à previsão expressa quanto à possibilidade de ser realizada a adoção internacional. É o que se depreende do parágrafo 5º do art. 227:

> Art. 227. [...]
>
> [...]
>
> § 5º A adoção será assistida pelo Poder Público, na forma da lei, que estabelecerá casos e condições de efetivação por **parte de estrangeiros**. (Brasil, 1988, grifo nosso)

De modo impensado, alguém pode questionar: "Mas, se a fila de adoção é enorme, faz sentido encaminhar crianças para outros países?". De fato, a lista de pretendentes à adoção é enorme. Segundo dados do Comitê Gestor dos Cadastros Nacionais, disponibilizados em 2020, havia mais de 36 mil pessoas na lista de pretendentes à adoção (Andrade, 2020). Na outra ponta, cerca de 34 mil crianças e adolescentes estavam acolhidos em abrigos.

Então, por que a conta não fecha? Isso ocorre porque a maioria dos pretendentes procura crianças pequenas, perfil bem diferente daqueles que estão nos abrigos.

É nesse ponto que a adoção internacional ganha importância, já que ela só será permitida se não existirem interessados na adoção de determinada criança no Brasil.

A definição da adoção internacional encontra previsão no art. 51 do Estatuto da Criança e do Adolescente:

> Art. 51. Considera-se adoção internacional aquela na qual o pretendente possui residência habitual em país-parte da Convenção de Haia, de 29 de maio de 1993, Relativa à Proteção das Crianças e à Cooperação em Matéria de Adoção Internacional, promulgada pelo Decreto n 3.087, de 21 junho de 1999, e deseja adotar criança em outro país-parte da Convenção. (Brasil, 1990)

Entretanto, embora a adoção internacional já seja uma realidade há muitos anos, ainda existe bastante preconceito em relação à medida. Sobre o tema, consigna Dias (2021, p. 965):

> A possibilidade de crianças e adolescentes perderem a nacionalidade ao serem adotadas por estrangeiros é tema que sempre gera intensos debates. Há quem considere a adoção internacional de grande valia para amenizar os aflitivos problemas sociais. Outros, no entanto, temem

que se transforme em tráfico internacional ou, pior, que objetive a comercialização de órgãos. Mas a adoção tem como finalidade primordial atender ao aspecto da política social de proteção da infância, independentemente da nacionalidade dos sujeitos. O que interessa é construir uma família com todas as características psicossociais da família natural.

Não há dúvida, contudo, de que tirar uma criança de um país e enviar a outro, com língua, costumes e pessoas diferentes, pode causar inúmeros traumas, o que é muito danoso quando se trata de seres em desenvolvimento. Todavia, para muitos, essa seria a única oportunidade de inclusão em um núcleo familiar.

Como mencionamos anteriormente, o Estatuto da Criança e do Adolescente regulamenta a adoção internacional a partir de seu art. 51 e, pela simples leitura dos dispositivos, constatamos que o procedimento é bem mais complexo do que nos casos de adoção nacional.

Já no inciso II do citado artigo, fica consignado que a medida somente será realizada quando

> foram esgotadas todas as possibilidades de colocação da criança ou adolescente em família adotiva no Brasil, com a comprovação, certificada nos autos, da inexistência de adotantes habilitados residentes no Brasil com perfil compatível com a criança ou adolescente, após consulta aos cadastros mencionados nesta lei. (Brasil, 1990)

Assim, a preferência sempre será pela adoção nacional. Somente quando devidamente comprovado que não existem adotantes no Brasil com perfil compatível com o adotando é que será possível a adoção internacional.

> **Consultando a legislação**
>
> BRASIL. Constituição (1988). **Diário Oficial da União**, Brasília, DF, 5 out. 1988. Disponível em: <https://www.planalto.gov.br/ccivil_03/constituicao/constituicao.htm>. Acesso em: 15 mar. 2023.
>
> BRASIL. Lei n. 6.015, de 31 de dezembro de 1973. **Diário Oficial da União**, Poder Legislativo, Brasília, DF, 31 dez. 1973. Disponível em: <https://www.planalto.gov.br/ccivil_03/leis/l6015compilada.htm>. Acesso em: 15 mar. 2023.
>
> BRASIL. Lei n. 8.069, de 13 de julho de 1990. **Diário Oficial da União**, Poder Legislativo, Brasília, DF, 16 jul. 1990. Disponível em: <https://www.planalto.gov.br/ccivil_03/leis/l8069.htm>. Acesso em: 15 mar. 2023.
>
> BRASIL. Lei n. 10.406, de 10 de janeiro de 2002. **Diário Oficial da União**, Poder Legislativo, Brasília, DF, 11 jan. 2002. Disponível em: <https://www.planalto.gov.br/ccivil_03/leis/2002/l10406compilada.htm>. Acesso em: 15 mar. 2023.

Síntese

Na atualidade, não existem dúvidas sobre a necessidade de tratamento igualitário em relação aos filhos, independentemente do fato de nascerem dentro de uma família constituída pelo casamento, de serem fruto de um romance de uma noite ou de serem adotados. Mas a responsabilidade dos pais vai muito além do reconhecimento dessa igualdade.

A partir do momento em que alguém se torna pai ou mãe, nascem inúmeros deveres em relação aos filhos, como assegurar a proteção, tê-los em sua guarda e garantir alimentos, ainda que o devedor não more mais no Brasil. A verdade é que o chamado *poder familiar* traz muito mais deveres do que direitos. Assim, é importante ter atenção e buscar sempre o melhor interesse da criança e do adolescente.

QUESTÕES PARA REVISÃO

1) Durante muito tempo, os filhos nascidos fora do casamento foram considerados ilegítimos, tendo suprimidos diversos de seus direitos. Qual lei deu o primeiro passo na busca pela igualdade de todos os filhos, independentemente de sua origem?
   a. Lei n. 883/1949.
   b. Lei n. 6.575/1977.
   c. Lei n. 8.069/1990.
   d. Lei n. 10.406/2002.

2) A adoção internacional é possível:
   a. apenas em relação a adolescentes.
   b. quando não existem pretendentes com perfil compatível no Brasil.
   c. em qualquer caso, desde que seja em favor do melhor interesse da criança ou do adolescente.
   d. quando a adoção nacional não é possível em nenhuma hipótese.

3) Como a guarda deve ser delimitada?
   a. A guarda sempre deve ficar com a mãe.
   b. A guarda sempre deve ficar com o pai.

c. A guarda sempre será compartilhada.

d. A definição da guarda deve atender ao melhor interesse da criança ou do adolescente.

4) Quando é possível a adoção internacional?

5) Por que existem muitas críticas à nomenclatura *poder familiar*?

Questões para reflexão

1) Quais são os principais deveres dos pais em relação aos filhos?

2) Por que existe tanta dificuldade em fazer com que muitos pais cumpram com o dever de pagar alimentos aos filhos?

IX

CONTEÚDOS DO CAPÍTULO:

» Conflitos familiares.
» Alimentos gravídicos.
» Reconhecimento de paternidade.
» Divórcio.
» Guarda e alimentos.
» Alienação parental.

APÓS O ESTUDO DESTE CAPÍTULO, VOCÊ SERÁ CAPAZ DE:

1. elencar alguns dos principais conflitos familiares;
2. compreender quem tem direito e qual é o procedimento para requerer os alimentos gravídicos;
3. entender as peculiaridades da ação de reconhecimento de paternidade;
4. identificar os principais problemas envolvendo as ações de guarda e alimentos;
5. reconhecer os graves prejuízos ao infante em decorrência da alienação parental.

Conflitos familiares

Na família, assim como em outros círculos sociais, é natural a existência de conflitos, contudo, em determinadas ocasiões, eles precisam ser levados ao conhecimento do Poder Judiciário. Podemos dizer que algumas das ações mais comuns são: a) requerimento de alimentos gravídicos; b) reconhecimento de paternidade; c) divórcio; d) guarda e alimentos; e c) alienação parental. Em todos esses casos, o magistrado competente deve analisar o caso concreto, buscando equilibrar os deveres, os direitos e os princípios, com o intuito de dar a cada causa a melhor solução possível.

> **PARA SABER MAIS**
>
> Consulte o livro a seguir indicado para aprofundar seus conhecimentos sobre os temas abordados neste capítulo.
>
> PACHÁ, A. **Segredo de justiça**. Rio de Janeiro. Nova Fronteira, 2014.

Os conflitos existem desde os primórdios, mas, a partir do momento em que o Poder Público tomou para si a função de resolvê-los, houve uma verdadeira revolução na defesa dos direitos, mormente porque a lei do mais forte foi mitigada pelos princípios da justiça e da paz, que são pressupostos para a vida em sociedade.

No Brasil, a Constituição Federal prevê, em seu art. 5º, inciso XXXV, que a jurisdição é inafastável, ou seja, todo e qualquer conflito pode ser levado à apreciação do Poder Judiciário, que tem o dever de analisá-los.

As famílias costumam ser um campo fértil para os conflitos, mas, por sorte, a maioria deles não chega ao Judiciário.

Neste capítulo, vamos tratar daqueles que são mais comuns nesse âmbito.

9.1 Alimentos gravídicos

Diferentemente de seu antecessor, o Código Civil de 2002 prestigia as pessoas, logo em seu primeiro livro. O art. 2º estabelece:

> Art. 2º A personalidade civil da pessoa começa do nascimento com vida; mas a lei põe a salvo, e desde a concepção, os direitos do nascituro. (Brasil, 2002)

Portanto, a lei deixa claro o objetivo de proteção àqueles que, embora já concebidos, ainda não nasceram, e uma das maneiras mais eficientes de garantir o adequado desenvolvimento de um feto é assegurar à gestante assistência adequada. É essa a finalidade da ação de alimentos gravídicos, em que a mulher grávida pleiteia na justiça o recebimento dos valores necessários à garantia da adequada formação do nascituro, a serem pagos pelo possível pai da criança.

Para regular a situação, foi editada a Lei n. 11.804, de 5 de novembro de 2008, que disciplina o direito aos alimentos gravídicos. Segundo art. 2º dessa lei,

> Art. 2º Os alimentos de que trata esta Lei compreenderão os valores suficientes para cobrir as despesas adicionais do período de gravidez e que sejam dela decorrentes, da concepção ao parto, inclusive as referentes a alimentação especial, assistência médica e psicológica, exames complementares, internações, parto, medicamentos e demais prescrições preventivas e terapêuticas indispensáveis, a juízo do médico, além de outras que o juiz considere pertinentes.

Parágrafo único. Os alimentos de que trata este artigo referem-se à parte das despesas que deverá ser custeada pelo futuro pai, considerando-se a contribuição que também deverá ser dada pela mulher grávida, na proporção dos recursos de ambos. (Brasil, 2008)

Assim, havendo fortes indícios de que o requerido é o pai da criança, o juiz deferirá liminarmente os alimentos, fixando os valores que deverão ser pagos até o nascimento do infante. Note que aqui falamos em "fortes indícios", pois muitas vezes não é possível ter certeza sobre a paternidade, visto que o exame de DNA realizado antes do nascimento pode representar danos à saúde do bebê.

Ademais, não é incomum que a ação de alimentos gravídicos seja cumulada com a ação de reconhecimento de paternidade. De outro giro, após o nascimento da criança, a ação de alimentos gravídicos, se não encerrada, pode ser convertida em ação de alimentos.

9.2 Reconhecimento de paternidade

A ação de reconhecimento de paternidade ocorre quando alguém busca judicialmente que outrem seja reconhecido como seu genitor. Essa ação pode ser ajuizada mesmo antes do nascimento do infante e ser cumulada com a ação de alimentos gravídicos.

A solução do caso, contudo, em regra, acontece por meio da realização do exame de DNA, que será realizado após o nascimento da criança, tendo em vista os riscos existentes na efetivação do procedimento quando ainda está no útero. Cabe observar que essa ação poderá ser ajuizada mesmo após o falecimento do pretenso genitor.

Na atualidade, se o possível genitor se negar a realizar o exame de DNA, será presumida a paternidade, nos termos da

Súmula n. 301 do Superior Tribunal de Justiça (STJ): "Em ação investigatória, a recusa do suposto pai em submeter-se ao exame de DNA induz presunção juris tantum de paternidade" (Brasil, 2023).

Antes da edição dessa súmula, era muito comum que o possível pai não aceitasse fazer o DNA e a ação fosse julgada improcedente por falta de provas.

Portanto, reconhecida a paternidade, o nome do genitor será incluído nos registros do filho.

Em casos como esse, a realização de audiências de mediação tem ajudado muito as partes a colocar fim ao conflito de uma forma harmoniosa. Temos sempre de ter em mente que, nesse tipo de relação, o objetivo é a manutenção dos vínculos, muito diferente do que acontece com uma ação meramente patrimonial.

9.3 Divórcio

O divórcio é um instituto relativamente novo no ordenamento jurídico brasileiro, tendo sido instituído apenas em 1977 pela Lei n. 6.515. Antes disso, o casamento era indissolúvel.

A partir dessa data, sofreu diversas modificações, chegando à situação que vemos nos dias de hoje, na qual não é preciso haver um prazo de separação prévia para seu deferimento. Atualmente, vale a regra "se um não quer, dois não brigam", ou seja, basta que um dos cônjuges não tenha interesse na manutenção da relação para que a medida seja implantada. Outra novidade é que o divórcio pode ser efetuado judicial ou extrajudicialmente.

O procedimento judicial segue as regras do Código de Processo Civil. Assim, a parte interessada deve peticionar ao juízo competente, informando o nome das partes e suas qualificações, os fatos que ensejaram a pretensão, os dispositivos legais que regem o procedimento e o pedido de deferimento do divórcio. Além disso, devem ser juntados os documentos pessoais das partes, bem como a certidão de casamento. O procedimento judicial é ideal para os casos em que a medida é contenciosa, ou seja, um dos cônjuges não aceita o rompimento. Depois de instruir o processo e não havendo qualquer óbice, o magistrado proferirá sentença de dissolução da união.

Mesmo no divórcio litigioso é dever de todos aqueles que atuam no processo realizar medidas com o fim de viabilizar o encerramento do processo de modo consensual, por meio da designação de audiências de mediação, na qual um profissional habilitado utilizará técnicas para resolver o conflito de maneira adequada, buscando sempre atender ao princípio da solução consensual dos conflitos (art. 3º, Código de Processo Civil).

Outra possibilidade muito considerada nos dias de hoje é o divórcio extrajudicial, que é mais simples, rápido e barato do que o judicial e deve seguir as regras estabelecidas na Resolução n. 35/2007 do Conselho Nacional de Justiça (CNJ). O procedimento será possível desde que as partes estejam de acordo com os termos do divórcio, não existam filhos menores ou incapazes e a mulher não esteja grávida. Ele é feito por escritura pública e não depende de homologação judicial.

9.4 Guarda e alimentos

As ações de guarda e alimentos também podem ser consensuais ou litigiosas e tramitam perante a Vara de Família competente. Para garantir os direitos do alimentando incapaz, o Ministério Público participará do processo como fiscal da ordem jurídica, nos termos do art. 178, inciso II, do Código de Processo Civil.

Regra geral, a pessoa responsável pela guarda de fato do infante propõe uma ação judicial em face do outro genitor, buscando regularizar a guarda, bem como definir os alimentos a serem pagos ao filho em comum do casal e o direito de visitas.

Contudo, essa legitimidade pode ser exercida pelo Ministério Público, nos termos da Súmula n. 594 do STJ, que assim estabelece:

> O Ministério Público tem legitimidade ativa para ajuizar ação de alimentos em proveito de criança ou adolescente independentemente do exercício do poder familiar dos pais, ou do fato de o menor se encontrar nas situações de risco descritas no art. 98 do Estatuto da Criança e do Adolescente, ou de quaisquer outros questionamentos acerca da existência ou eficiência da Defensoria Pública na comarca. (Brasil, 2023)

A legitimidade do Ministério Público independe de qualquer ação dos pais ou responsáveis pela criança ou adolescente. Ademais, a ação é proposta pelo Ministério Público em seu próprio nome na defesa de direito alheio.

Independentemente de quem ajuizar a ação, caberá ao juiz analisar o caso, visando sempre ao melhor interesse da criança e do adolescente. Ele fixará quem melhor exercerá a guarda e quem será o responsável pelo pagamento dos alimentos, bem como a respectiva proporção.

Note que a atual legislação prevê que a preferência sempre será pela guarda compartilhada. Porém, na prática, sabemos que os conflitos dos genitores, em grande parte das vezes, impossibilitam essa fixação.

Essencial consignar a redação do parágrafo 3º do art. 528 do Código de Processo Civil:

§ 3º Se o executado não pagar ou se a justificativa apresentada não for aceita, o juiz, além de mandar protestar o pronunciamento judicial na forma do § 1º, decretar-lhe-á a prisão pelo prazo de 1 (um) a 3 (três) meses. (Brasil, 2015)

Registramos, por fim, que o não pagamento do débito alimentar é o único caso de prisão civil previsto no ordenamento jurídico brasileiro.

9.5 Alienação parental

A alienação parental ocorre quando o pai, a mãe, os avós ou qualquer outra pessoa que tenha convívio e vínculo com determinada criança ou adolescente tentam colocá-lo contra um de seus genitores, por meio de interferência psicológica, com o intuito de prejudicar os vínculos existentes.

Conforme ensinam Madaleno e Madaleno (2021, p. 47), em 1985 a alienação parental foi definida como uma síndrome pelo professor de psiquiatria Richard Gardner, da Universidade de Columbia, nos Estados Unidos. A ideia de Gardner era a inclusão da alienação no *Manual de diagnóstico e estatísticas dos tratamentos mentais*, com o objetivo de facilitar o tratamento de crianças e adolescentes que haviam sido submetidos à prática.

No Brasil, a questão não é tratada como uma síndrome, mas isso não impede a afetação psicológica causada aos jovens nessa condição. Aliás, trata-se de uma realidade nefasta encontrada com frequência nas ações distribuídas ao Poder Judiciário. Em razão da importância do tema, foi editada a Lei n. 12.318, de 26 de agosto de 2010.

O art. 2° dessa lei esclarece o que é a alienação parental, bem como apresenta exemplificação sobre o tema em seu parágrafo único. Vejamos:

Art. 2° Considera-se ato de alienação parental a interferência na formação psicológica da criança ou do adolescente promovida ou induzida por um dos genitores, pelos avós ou pelos que tenham a criança ou adolescente sob a sua autoridade, guarda ou vigilância para que repudie genitor ou que cause prejuízo ao estabelecimento ou à manutenção de vínculos com este.

Parágrafo único. São formas exemplificativas de alienação parental, além dos atos assim declarados pelo juiz ou constatados por perícia, praticados diretamente ou com auxílio de terceiros:

I – realizar campanha de desqualificação da conduta do genitor no exercício da paternidade ou maternidade;

II – dificultar o exercício da autoridade parental;

III – dificultar contato de criança ou adolescente com genitor;

IV – dificultar o exercício do direito regulamentado de convivência familiar;

V – omitir deliberadamente a genitor informações pessoais relevantes sobre a criança ou adolescente, inclusive escolares, médicas e alterações de endereço;

VI –apresentar falsa denúncia contra genitor, contra familiares deste ou contra avós, para obstar ou dificultar a convivência deles com a criança ou adolescente;

VII – mudar o domicílio para local distante, sem justificativa, visando a dificultar a convivência da criança ou adolescente com o outro genitor, com familiares deste ou com avós. (Brasil, 2010)

A análise dos dispositivos cria, na maioria das pessoas, uma sensação de familiaridade, pois, mesmo que não tenham vivenciado isso na prática, elas sabem que várias dessas atitudes são bastante comuns na vida familiar, sendo, muitas vezes, entendidas como algo sem maiores consequências.

Contudo, são situações graves que podem causar grandes traumas às crianças e aos adolescentes, bem como proporcionar um sentimento de insegurança em relação a um dos genitores.

Assim, verificada essa situação, ela deverá ser levada ao conhecimento do Poder Judiciário por meio de uma ação declaratória de alienação parental ou, ainda, mediante uma simples petição dentro de uma demanda já existente.

> **CONSULTANDO A LEGISLAÇÃO**
>
> BRASIL. Constituição (1988). **Diário Oficial da União**, Brasília, DF, 5 out. 1988. Disponível em: <https://www.planalto.gov.br/ccivil_03/constituicao/constituicao.htm>. Acesso em: 15 mar. 2023.
>
> BRASIL. Lei n. 6.015, de 31 de dezembro de 1973. **Diário Oficial da União**, Poder Legislativo, Brasília, DF, 31 dez. 1973. Disponível em: <https://www.planalto.gov.br/ccivil_03/leis/l6015compilada.htm>. Acesso em: 15 mar. 2023.
>
> BRASIL. Lei n. 10.406, de 10 de janeiro de 2002. **Diário Oficial da União**, Poder Legislativo, Brasília, DF, 11 jan. 2002. Disponível em: <http://www.planalto.gov.br/ccivil_03/_ato2019-2022/2022/lei/L14406.htm>. Acesso em: 15 mar. 2023.
>
> BRASIL. Lei n. 12.318, de 26 de agosto de 2010. **Diário Oficial da União**, Poder Legislativo, Brasília, DF, 27 ago. 2010. Disponível em: <https://www.planalto.gov.br/ccivil_03/_ato2007-2010/2010/lei/l12318.htm>. Acesso em: 15 mar. 2023.

> BRASIL. Lei n. 13.105, de 16 de março de 2015. **Diário Oficial da União**, Poder Legislativo, Brasília, DF, 17 mar. 2015. Disponível em: <https://www.planalto.gov.br/ccivil_03/_ato2015-2018/2015/lei/l13105.htm>. Acesso em: 15 mar. 2023.

Síntese

O direito de família é um campo fértil para a existência de conflitos. Entre os mais comuns estão: possíveis pais que se recusam a auxiliar as mulheres grávidas quando o relacionamento amoroso termina; pais que se negam a reconhecer determinada pessoa como filho; casais que brigam na justiça pela guarda dos filhos após o divórcio; e até casos graves, nos quais um dos genitores tenta colocar o filho do casal contra o outro. Todas essas questões são diariamente analisadas pelo Poder Judiciário, que, com base na lei, na doutrina e na jurisprudência, procura a melhor solução para os conflitos. Na atualidade, porém, é inegável a importância dos Núcleos de Conciliação para a resolução harmoniosa dessas demandas.

Questões para revisão

1) O pedido de fixação de alimentos gravídicos será fixado desde que:

   a. haja certeza quanto à paternidade.
   b. haja fortes indícios quanto à paternidade.
   c. seja absolutamente necessário para a gestante.
   d. seja realizado previamente o exame de DNA.

2) Caso o pretenso pai se recuse a realizar o exame de DNA, a ação:

a. será julgada improcedente por falta de provas.
b. prosseguirá com novas diligências, como a oitiva de testemunhas e a análise de documentos.
c. será julgada procedente *juris tantum*.
d. será encaminhada ao Núcleo de Conciliação para tentativa de acordo entre as partes.

3) São requisitos para o divórcio extrajudicial, **exceto**:

a. que a mulher não esteja grávida.
b. que não existam filhos incapazes.
c. que as partes estejam de acordo.
d. que as partes renunciem ao procedimento judicial.

4) No que consiste a alienação parental?

5) Qual é a atuação do Ministério Público na ação de guarda e alimentos?

QUESTÕES PARA REFLEXÃO

1) Quais são os prejuízos da alienação parental para crianças e adolescentes?

2) O que pode acontecer com aquele que deixa de pagar os alimentos fixados pelo Poder Judiciário?

X

Conteúdos do capítulo:

» Herança.
» Capacidade sucessória.
» Sucessão legítima.
» Excluídos da sucessão.
» Cessão de direitos hereditários.
» Testamento.
» Legado.
» Codicilo.
» Inventário.

Após o estudo deste capítulo, você será capaz de:

1. compreender o que é herança;
2. entender o trâmite do processo sucessório;
3. diferenciar sucessores legítimos de necessários;
4. elencar quem são os herdeiros legítimos, bem como a ordem em que cada um é chamado a suceder;
5. contar os graus hereditários;
6. identificar os excluídos da sucessão;
7. diferenciar os excluídos por indignidade dos excluídos por deserdação.

Direito das sucessões

Muitas pessoas costumam dizer que a única certeza da vida é a morte, e não é possível afirmar que lhes falta razão ao fazerem tal declaração. O direito das sucessões busca regulamentar a situação de bens, dívidas, direitos e obrigações da pessoa que falece, esta juridicamente denominada *de cujus*. Como no Brasil é comum evitarmos falar sobre morte, é muito difícil que alguém morra deixando um testamento, no qual tenha listado quais são suas vontades, para quem deverá ser transmitido determinado bem etc. Para esses casos, contudo, a lei apresenta uma série de regras, delimitando quem serão os herdeiros.

> **PARA SABER MAIS**
>
> Na obra a seguir indicada, você pode consultar as questões atuais mais relevantes sobre o tema das sucessões.
>
> DIAS, M. B. **Manual das sucessões**. Salvador: JusPodivm, 2022.

Alexandre, o Grande, foi um dos mais importantes reis que já existiram. Governou a Macedônia por volta do século 4 a.C., e seu império se estendia do sudeste da Europa até a Índia. Foi discípulo de Aristóteles e, embora tenha tido uma vida curta, presume-se que morreu com 33 anos, sendo lembrado até hoje por suas enormes conquistas militares.

Diz a lenda que, quando estava à beira da morte, convocou seus generais com o intuito de instruí-los sobre o que fazer com seu corpo após seu falecimento. Alexandre, então, teria feito três pedidos: (1) que seu caixão fosse transportado pelas mãos dos melhores médicos da época, para mostrar que eles não tinham poder de cura perante a morte; (2) que no caminho até o seu túmulo fossem espalhados seus tesouros, para que as pessoas pudessem ver que os bens materiais aqui conquistados aqui permanecem; e (3) que suas duas mãos fossem deixadas balançando no ar, fora do caixão, à vista de todos, para que as pessoas entendessem que de mãos vazias viemos e de mãos vazias partimos.

Se esse diálogo de fato ocorreu ou é apenas uma lenda, não se sabe, mas os pedidos representam muito bem o espírito das sucessões e se coadunam com duas frases populares muito repetidas na cultura brasileira: "Desta vida não se leva nada" e "A única certeza da vida é a morte".

Não sabemos ao certo o que acontece com uma pessoa após a morte, e existem diversas teses religiosas que buscam explicar isso, porém uma coisa é certa: os bens que a pessoa falecida amealhou durante a vida ficam por aqui e precisam ser destinados a alguém.

Em geral, ninguém gostaria que, após sua morte, seus bens fossem destinados ao Estado, pois a maioria de nós tem pessoas próximas a quem queremos bem e para as quais temos interesse em destinar aquilo que conquistamos durante a vida, com o intuito de lhes dar um pouco mais de conforto após nossa partida. Mesmo aqueles que não têm herdeiros necessários provavelmente terão o desejo de destinar seu patrimônio a uma pessoa específica, uma obra social ou outra instituição de seu interesse.

Foi por essa razão que, em Roma, foi criado o testamento. O *pater familias*, que era o titular dos bens, como ato de última vontade, produzia um documento no qual registrava quem deveria ficar com seu patrimônio após seu falecimento.

Entretanto, diferentemente do que acontece nos dias de hoje, não existia a obrigatoriedade de tratamento igualitário entre os filhos. Assim, na maioria das vezes, as filhas mulheres eram completamente preteridas, e o patrimônio se destinava aos filhos homens.

Mas nem entre eles existia completa equidade. Alguns pais preferiam deixar tudo o que tinham para o filho mais velho, com o objetivo de manter o patrimônio da família em sua inteireza nas mãos de uma única pessoa. A isso se dava o nome de *direito de primogenitura*.

O filho mais velho deveria, então, cuidar do patrimônio familiar, bem como do sustento dos demais membros da família. Ele herdava não apenas os bens, mas também as responsabilidades de seu genitor.

Durante toda a história da humanidade, a família esteve estritamente vinculada à questão cultural. Como ensinou Coulanges (2009), na Grécia do século V a.C., havia um dever segundo o qual os parentes vivos deveriam levar comida e bebida ao túmulo do ente falecido, pois, do contrário, ele estaria fadado a viver para sempre com sede e com fome.

Existia uma obrigação de mão dupla, na qual o parente falecido deixava seus bens para seus herdeiros, e estes teriam de realizar os cultos necessários em conformidade com a cultura local.

A questão atinente ao culto aos mortos é bastante interessante e, embora pareça algo distante de nós em termos temporais, ainda hoje existem celebrações bastante significativas em todo o mundo, como a vivenciada no México, no chamado Dia dos Mortos.

Ele acontece no dia 2 de novembro, mesmo dia em que é celebrado no Brasil o Dia de Finados, mas com significativas diferenças. No México, a data é utilizada para celebrar a vida e relembrar aqueles que se foram, o que é feito com muita festa, comida e adornos. Em razão disso, essa celebração foi declarada como Patrimônio Cultural Imaterial da Humanidade pela Organização das Nações Unidas para a Educação, a Ciência e a Cultura (Unesco).

Note que a criação de um dia para lembrar os mortos, independentemente da cultura, demonstra a importância do tema em todo o mundo. Embora o direito das sucessões represente uma questão jurídica muito relevante, é fundamental também entender os fatos por trás de todas essas tradições.

No Brasil, diferentemente de muitos países, existe uma espécie de tabu relacionado ao tema da morte. É em razão disso que, por aqui, são raros os casos em que uma pessoa deixa um testamento. Como a preferência é não pensar sobre o assunto, que muitas vezes gera sentimentos ruins, muitas pessoas vão postergando a ideia de tomar uma decisão sobre seus bens e acabam deixando essa escolha ao arbítrio do legislador.

Ainda por aqui, um dos primeiros diplomas a disciplinar o tema foi o Código Civil de 1916, que o abordava a partir do art. 1.572, em seu Livro IV, intitulado "Do Direito das Sucessões". Segundo esse códex, o vínculo familiar somente era criado a partir do casamento, o que tinha reflexos diretos no direito das sucessões.

A mudança desse paradigma ocorreu somente após a entrada em vigor da Constituição Federal de 1988, que previu expressamente que a união estável representa uma unidade familiar.

> Art. 226. A família, base da sociedade, tem especial proteção do Estado.
>
> [...]
>
> § 3º Para efeito da proteção do Estado, é reconhecida a união estável entre o homem e a mulher como entidade familiar, devendo a lei facilitar sua conversão em casamento. (Brasil, 1988)

Foi a partir da redação desse artigo que os direitos sucessórios passaram a ser reconhecidos aos companheiros sobreviventes, garantindo-se o direito não apenas à herança, mas também à pensão por morte e outros direitos correlatos.

Em atenção a essa previsão constitucional é que foi incluído no códex atual o art. 1.790, que prescreve:

Art. 1.790. A companheira ou o companheiro participará da sucessão do outro, quanto aos bens adquiridos onerosamente na vigência da união estável, nas condições seguintes. (Brasil, 2002)

Na atualidade, não existem dúvidas de que quem vive em união estável tem os mesmos direitos de quem é casado, mesmo que a relação não tenha sido levada a registro.

Outro importante movimento no sentido de garantir a autonomia privada e os direitos das pessoas foi o reconhecimento das uniões homoafetivas (casamento ou união estável), com consequentes direitos de sucessão ao companheiro sobrevivente.

O Código Civil disciplina a matéria atinente às sucessões a partir do art. 1.784, no Livro V, intitulado "Do Direito das Sucessões". O mencionado dispositivo trata do instituto denominado *saisine*, o qual assegura que, após a morte de alguém, seus bens serão imediatamente transmitidos aos herdeiros. Ainda que a ideia pareça até mesmo sem importância, a história nos mostra a extrema necessidade dessa definição.

Ocorre que, no feudalismo, quando um servo falecia, seus bens passavam ao domínio do senhor feudal e somente seriam transmitidos aos herdeiros do falecido após o pagamento de impostos. Por essa razão foi criado na França o princípio da *saisine*, com o objetivo de driblar essa obrigação, visto que determinava que a transmissão dos bens era automática, ou seja, independia do pagamento de qualquer valor.

Portanto, conhecer a história é sempre um ponto fundamental à compreensão do direito atual.

Dito isso, passemos à análise mais aprofundada de alguns temas de extrema importância para o entendimento da sucessão.

10.1 Herança

Podemos afirmar que a herança é o conjunto de bens, direitos e obrigações deixados pelo *de cujus* (designação dado pelo direito à pessoa morta) e que tenham aptidão para serem transferidos para os herdeiros.

A herança é considerada um todo unitário, ou seja, um conjunto único, do qual todos os herdeiros são condôminos, até que a partilha seja efetivamente realizada, nos termos do art. 1.791, parágrafo único, do Código Civil.

Assim, se alguém falecer deixando bens, será necessária a instauração de um processo de inventário, que poderá ser: (a) extrajudicial, por meio de escritura pública quando todos os herdeiros forem capazes e concordes; (b) judicial nos demais casos, em que deverá ser insaturado no prazo de dois meses a contar da abertura da sucessão, nos termos dos arts. 610 e 611 do Código de Processo Civil.

Recebida a petição, o juiz nomeará o inventariante, que deverá prestar compromisso legal.

O Código Civil elenca, ainda, um rol sucessivo de pessoas que deverão realizar a administração da herança até a prestação do compromisso, conforme o art. 1.797. Em primeiro lugar, são designados os cônjuges ou companheiros que conviviam com o *de cujus* ao tempo do falecimento.

Essa posição é pensada para atender ao maior número de situações existentes, pois sabemos que, em regra, após algum tempo, os filhos saem de casa, deixando os pais sozinhos. Portanto, a melhor pessoa para administrar os bens até a designação de um inventariante é o cônjuge ou o companheiro sobrevivente.

No entanto, podem ocorrer casos em que não existe cônjuge ou companheiro ou, existindo, este não tem condições de cumprir o encargo por questões de saúde, por exemplo. Nessa hipótese, serão chamados os herdeiros que já estiverem na posse e administração dos bens e, existindo mais de um, esse dever caberá ao mais velho.

Pode acontecer, ainda, de a pessoa falecida ter deixado um testamento, na qual indicou o nome de quem gostaria que cumprisse com o encargo, circunstância em que a vontade do *de cujus* será cumprida.

Por fim, não existindo nenhuma das pessoas anteriores ou havendo motivos relevantes para que elas não assumam a obrigação, o juiz designará pessoa de sua confiança.

10.1.1 Heranças jacente e vacante

O legislador previu uma série de pessoas com direito ao recebimento da herança após a morte de alguém que faleceu deixando bens. Mesmo que o *de cujus* não tenha elaborado um testamento, seu patrimônio será destinado aos seus descendentes, ascendentes, cônjuge ou colaterais até o quarto grau.

Mas o que acontece quando alguém falece sem deixar herdeiros legítimos ou testamentários? Nesse caso, a herança é considerada **jacente**. O termo *jacente* deriva da expressão "jas sem dono", ou seja, aquilo que não tem um proprietário.

A matéria é tratada a partir do art. 1.819 do Código Civil, que apresenta a seguinte previsão:

> Art. 1.819. Falecendo alguém sem deixar testamento nem herdeiro legítimo notoriamente conhecido, os bens da herança, depois de arrecadados, ficarão sob a guarda e administração de um curador, até a sua entrega ao

sucessor devidamente habilitado ou à declaração de sua vacância. (Brasil, 2002)

A partir daí, inicia-se um processo para tentar localizar eventuais herdeiros legais. Para tanto, são realizadas diligências e expedidos editais.

> Art. 1.820. Praticadas as diligências de arrecadação e ultimado o inventário, serão expedidos editais na forma da lei processual, e, decorrido um ano de sua primeira publicação, sem que haja herdeiro habilitado, ou penda habilitação, será a herança declarada vacante. (Brasil, 2002)

Somente quando nenhum herdeiro aparece é que a herança se torna **vacante**, ou seja, vaga. Nesse caso, o patrimônio do *de cujus* é "devolvido" à Fazenda Pública municipal onde está situado ou, ainda, ao Distrito Federal caso lá esteja localizado.

O termo *devolvidos* é bastante questionável, mas decorre da ideia de que todos os bens são públicos, razão pela qual apenas retornam ao ente fazendário no caso da inexistência de outros herdeiros.

Observe, portanto, que a herança será jacente quando não houver herdeiros conhecidos, devendo ser realizadas diligências com o intuito de localizá-los. Caso nenhum herdeiro legal seja encontrado, a herança passará a ser considerada vacante e será destinada à Fazenda Pública municipal ou ao Distrito Federal.

De toda sorte, independentemente da existência ou não de herdeiros, eventuais credores do *de cujus* têm o direito de requerer o pagamento de seus créditos, mas apenas nos limites da força da herança, conforme estabelece o art. 1.821 do Código Civil.

> Art. 1.821. É assegurado aos credores o direito de pedir o pagamento das dívidas reconhecidas, nos limites das forças da herança. (Brasil, 2002)

Ainda sobre a personalidade jurídica da herança jacente, consigna Dias (2021, p. 703):

> A herança jacente é um ente despersonalizado, patrimônio temporariamente sem titular, massa de bens sem personalidade jurídica que deve ser guardada para ser entregue ao herdeiro que aparecer ou, eventualmente, à Fazenda Pública. Sílvio Venosa a classifica como entidade com personificação anômala. Sua característica principal é transitoriedade. Não pode ser considerada pessoa jurídica, mas tem capacidade para estar em juízo ativa ou passivamente por meio de curador (CPC 75 VI).

Cabe ressaltar que, no caso de não existirem outros herdeiros legais, mas apenas um cônjuge casado sob o regime de separação de bens, este herdará os valores, desde que não esteja separado do *de cujus* de fato. Não seria justo destinar os bens ao Estado quando o falecido tinha um cônjuge que com ele vivia.

Mas a vacância não decorre apenas da inexistência de herdeiros. Podem ocorrer situações em que eles existem, mas renunciam ao montante. Nesses casos, será necessário buscar outros herdeiros. Somente se não forem encontrados herdeiros é que a herança será considerada vacante.

Além disso, a lei buscou preservar o direito daqueles herdeiros que se habilitaram, ressalvando o prazo de cinco anos para que estes iniciem a abertura do processo de sucessão:

> Art. 1.822. A declaração de vacância da herança não prejudicará os herdeiros que legalmente se habilitarem; mas, decorridos cinco anos da abertura da sucessão, os bens arrecadados passarão ao domínio do Município ou do Distrito Federal, se localizados nas respectivas circunscrições, incorporando-se ao domínio da União quando situados em território federal.

Parágrafo único. Não se habilitando até a declaração de vacância, os colaterais ficarão excluídos da sucessão. (Brasil, 2002)

O procedimento de declaração de vacância é bastante simples; o que torna o processo lento são as inúmeras diligências necessárias à localização dos eventuais herdeiros.

Assim, verificando-se que alguém faleceu sem deixar herdeiros conhecidos, é realizado um processo de arrecadação judicial de bens, o que pode ser requerido por qualquer interessado, inclusive a Fazenda Pública ou algum credor do *de cujus*. O juiz, então, nomeará um curador para representar o espólio.

Em seguida, iniciam-se diligências com o intuito de localizar eventuais herdeiros, o que inclui a expedição de ofícios a órgãos públicos, a análise dos papéis e documentos deixados pelo falecido, a expedição de editais, entre outras medidas que o juiz entender cabíveis.

A partir data da publicação do edital, inicia-se o prazo de seis meses para a habilitação dos herdeiros. Após o transcurso do prazo de um ano sem que nenhum herdeiro tenha aparecido, a herança será considerada vacante, e os bens serão destinados à Fazenda Pública.

10.1.2 Herança de dívidas

Quando pensamos em herança, nossa ideia sempre envolve a adição de bens ao patrimônio do herdeiro sobrevivente. Todavia, não é incomum que ocorra a herança de dívidas.

Nesses casos, o legislador foi muito sensato no sentido de evitar que eventual irresponsabilidade patrimonial do *de cujus* transcenda para o patrimônio pessoal de seus herdeiros. Nos termos do art. 1.792 do Código Civil:

Art. 1.792. O herdeiro não responde por encargos superiores às forças da herança; incumbe-lhe, porém, a prova do excesso, salvo se houver inventário que a escuse, demostrando o valor dos bens herdados. (Brasil, 2002)

Isso significa que, caso uma pessoa morra deixando uma dívida, somente o patrimônio deixado por ela poderá ser utilizado para seu adimplemento. Vejamos um exemplo prático.

Maria, mãe de Francisco, faleceu deixando um patrimônio de R$ 200.000,00 (duzentos mil reais) e uma dívida no banco no valor de R$ 250.000,00 (duzentos e cinquenta mil reais). Francisco, como inventariante, deve destinar todo o patrimônio deixado para pagamento do débito, e o valor restante, de R$ 50.000,00 (cinquenta mil reais), deixará de ser pago, pois supera as forças da herança.

O legislador foi muito sensato ao estabelecer essa regra, já que não é dado a ninguém responder pelas dívidas exclusivas de outrem.

10.2 Capacidade sucessória

A capacidade sucessória representa a capacidade de alguém para ser herdeiro. Como visto anteriormente, em tempos passados, a capacidade sucessória se restringia aos filhos homens e, muitas vezes, era reservada aos primogênitos.

Essa situação difere bastante da vivenciada atualmente, uma vez que o Código Civil prevê:

Art. 1.798. Legitimam-se a suceder as pessoas nascidas ou já concebidas no momento da abertura da sucessão. (Brasil, 2002)

Sobre o tema atinente à sucessão testamentária, o Código Civil apresenta uma lista daqueles que têm capacidade sucessória, conforme vemos em seu art. 1.799:

> Art. 1.799. Na sucessão testamentária podem ainda ser chamados a suceder:
>
> I – os filhos, ainda não concebidos, de pessoas indicadas pelo testador, desde que vivas estas ao abrir-se a sucessão;
>
> II – as pessoas jurídicas;
>
> III – as pessoas jurídicas, cuja organização for determinada pelo testador sob a forma de fundação. (Brasil, 2002)

Da análise do dispositivo depreendemos que o legislador se preocupou com a situação da chamada *prole eventual*, ou seja, aquele que ainda não foi concebido pelo testador. Em razão disso, eventual filho, mesmo que ainda não concebido, poderá suceder aos seus ascendentes se isso constar no testamento.

A situação também é tratada a partir do art. 1.800, que define como deve ser feita a administração dos bens nesse caso. Vejamos:

> Art. 1.800. No caso do inciso I do artigo antecedente, os bens da herança serão confiados, após a liquidação ou partilha, a curador nomeado pelo juiz.
>
> § 1º Salvo disposição testamentária em contrário, a curatela caberá à pessoa cujo filho o testador esperava ter por herdeiro, e, sucessivamente, às pessoas indicadas no art. 1.775.
>
> § 2º Os poderes, deveres e responsabilidades do curador, assim nomeado, regem-se pelas disposições concernentes à curatela dos incapazes, no que couber.

> § 3º Nascendo com vida o herdeiro esperado, ser-lhe-á deferida a sucessão, com os frutos e rendimentos relativos à deixa, a partir da morte do testador.
>
> § 4º Se, decorridos dois anos após a abertura da sucessão, não for concebido o herdeiro esperado, os bens reservados, salvo disposição em contrário do testador, caberão aos herdeiros legítimos. (Brasil, 2002)

Com relação à pessoa jurídica, note que, embora ela não tenha capacidade sucessória ativa, ou seja, não possa elaborar um testamento, poderá ser beneficiária deste, herdando os bens do *de cujus*, desde que isso esteja previsto em testamento.

De outro giro, a pessoa jurídica poderá, ainda, ser herdeira testamentária quando o testador determinar sua organização por meio de uma fundação.

Por fim, com relação à legitimidade, o texto legal apresenta um rol daqueles que não podem ser herdeiros nem legatários. Nos termos do art. 1.801 do Código Civil:

> Art. 1.801. Não podem ser nomeados herdeiros nem legatários:
>
> I – a pessoa que, a rogo, escreveu o testamento, nem o seu cônjuge ou companheiro, ou os seus ascendentes e irmãos;
>
> II – as testemunhas do testamento;
>
> III – o concubino do testador casado, salvo se este, sem culpa sua, estiver separado de fato do cônjuge há mais de cinco anos;
>
> IV – o tabelião, civil ou militar, ou o comandante ou escrivão, perante quem se fizer, assim como o que fizer ou aprovar o testamento. (Brasil, 2002)

Perceba, ainda, que, prevendo-se tentativas de fraude com o objetivo de transpor as obrigações legais, foi editado o art. 1.802 do Código Civil, que estabelece:

> Art. 1.802. São nulas as disposições testamentárias em favor de pessoas não legitimadas a suceder, ainda quando simuladas sob a forma de contrato oneroso, ou feitas mediante interposta pessoa.
>
> Parágrafo único. Presumem-se pessoas interpostas os ascendentes, os descendentes, os irmãos e o cônjuge ou companheiro do não legitimado a suceder. (Brasil, 2002)

Por fim, importante consignar que os seres inanimados e os animais irracionais não têm capacidade sucessória. Sabemos que, atualmente, os animais de estimação têm grande importância em nossa vida, sendo considerados membros da família.

Assim, não gera estranheza o desejo de que, mesmo após a morte, eles recebam todo o cuidado e a assistência necessários. Sendo esse o caso, é possível que o testador atribua a herança a uma pessoa determinada, que terá a incumbência de zelar pelos animais de estimação.

10.3 Sucessão legítima

A legislação brasileira prevê duas espécies de sucessão: a legítima e a testamentária. A sucessão legítima decorre da lei e caracteriza-se quando o autor da herança falece sem deixar disposições de última vontade. Já a sucessão testamentária é aquela em que o autor da herança elabora um testamento, determinando o destino que seus bens deverão ter após sua morte.

Interessante notar que alguns doutrinadores rechaçam o termo *legítima*, preferindo utilizar *ab intestato*, que significa "sem testamento". Isso ocorre porque o termo remete à situação vivenciada pelos filhos que nasciam fora do casamento antes da atual Magna Carta.

Até a Constituição de 1988, existia grande diferença no tratamento dado aos filhos. Aqueles que nasciam dentro do casamento eram considerados legítimos, enquanto os que nasciam fora da relação conjugal eram considerados ilegítimos e, por sua vez, não tinham uma série de direitos, inclusive sucessórios.

Nesta obra, manteremos o termo *legítima* por ser aquele aplicado pela lei, mas é importante saber da existência dos dois termos e dos problemas com a origem do primeiro.

Na sucessão legítima, temos uma situação em que o *de cujus* não estabeleceu qual seria a divisão de seus bens entre seus herdeiros. Assim, a lei, para evitar maiores discussões sobre o tema, previu uma ordem sucessória em seu art. 1.829:

> Art. 1.829. A sucessão legítima defere-se na ordem seguinte:
>
> I – aos descendentes, em concorrência com o cônjuge sobrevivente, salvo se casado este com o falecido no regime da comunhão universal, ou no da separação obrigatória de bens (art. 1.640, parágrafo único); ou se, no regime da comunhão parcial, o autor da herança não houver deixado bens particulares;
>
> II – aos ascendentes, em concorrência com o cônjuge;
>
> III – ao cônjuge sobrevivente;
>
> IV – aos colaterais. (Brasil, 2002)

Andou bem o legislador ao prever, no inciso I, aqueles que, em geral, mantêm a relação mais próxima com a pessoa falecida. São previstas duas relações: (a) a descendência (filhos e netos); e (b) o cônjuge, aqui abarcado também o companheiro.

Nesse último caso, é importante atentar para o regime de bens da relação. Caso o cônjuge tenha sido casado com o *de cujus* no regime de comunhão universal de bens ou separação obrigatória de bens, ele não terá direito à legítima. No primeiro caso, isso acontece porque ele já será meeiro, ou seja, já terá direito à metade do patrimônio do casal.

O segundo caso diz respeito à separação obrigatória, isto é, quando a lei determina que esse deverá ser o regime de casamento. Isso acontece nos seguintes casos previstos no Código Civil:

> Art. 1.641. É obrigatório o regime da separação de bens no casamento:
>
> I – das pessoas que o contraírem com inobservância das causas suspensivas da celebração do casamento;
>
> II – da pessoa maior de 70 (setenta) anos;
>
> III – de todos os que dependerem, para casar, de suprimento judicial. (Brasil, 2002)

Portanto, nesses casos, o único regime possível é o da separação obrigatória. Entre eles, o mais comum se refere ao casamento de pessoa maior de 70 anos. A ideia do dispositivo era evitar que os idosos fossem vítimas do chamado "golpe do baú".

Contudo, existem muitas críticas a esse dispositivo, mormente por estabelecer que as pessoas maiores de 70 anos têm uma espécie de "incapacidade" resultante exclusivamente da idade.

Além disso, a lei, nesse caso, não impede que uma pessoa mal-intencionada se aproprie indevidamente dos bens de uma pessoa idosa, pois existem inúmeras outras medidas que podem ser tomadas para conquistar esse intento, como a doação ou mesmo a elaboração de um testamento.

Por fim, não terá direito à herança aquela pessoa casada sob o regime da comunhão parcial de bens quando o *de cujus* não tiver deixado bens particulares.

Não havendo descendentes, devem herdar os ascendentes (pais, avós etc.), em concorrência com o cônjuge/companheiro, se houver. Caso não existam ascendentes, todo o patrimônio será destinado ao cônjuge.

Na ausência de descendentes, ascendentes, cônjuge/companheiro, herdam os colaterais até o quarto grau, isto é, irmãos, sobrinhos, tios e primos. Na ordem colateral, os mais próximos excluem os mais distantes, ou seja, havendo irmãos, nenhum outro colateral herda, exceto se há um irmão pré-morto que deixou filhos. Nesse caso, o valor que seria destinado ao irmão falecido é destinado ao seu filho (art. 1.840, Código Civil).

Para entender o instituto adequadamente, é importante compreender como são contados os graus hereditários. Imagine que todas as pessoas que descendem umas das outras sejam ligadas por um fio imaginário; para facilitar ainda mais, vamos supor que cada um desses fios tenha uma cor diferente. Assim, você é ligado por um fio vermelho à sua mãe. Ela, por sua vez, é ligada por um fio rosa à mãe dela. Entre você e sua avó existem dois fios, certo? Então, sua avó é sua parente de segundo grau. Entre você e sua mãe há um fio, então ela é sua parente de primeiro grau.

Mas digamos que você tenha um irmão. Nesse caso, você tem um fio vermelho ligando você e sua mãe, e seu irmão tem um fio preto ligando-o à mãe de vocês. Assim, existem dois fios, fazendo com que seu irmão seja seu parente de segundo grau.

Uma curiosidade sobre o tema é que, diferentemente do que as pessoas costumam dizer, não existe primo de primeiro, segundo ou terceiro grau. Isso porque entre você e sua mãe há um fio vermelho; entre sua mãe e sua avó há um fio rosa; entre sua avó e seu tio há um fio verde; entre seu tio e seu primo há um fio azul. Logo, seu primo mais próximo é seu parente de quarto grau, pois existem quatro fios imaginários entre vocês.

10.3.1 Descendentes

Os descendentes, ao lado do cônjuge/companheiro, compõem o primeiro nível da sucessão legítima. Além disso, são herdeiros necessários (art. 1.845, Código Civil). Isso significa que eles têm direito à metade dos bens da herança deixada, pois esta constitui a chamada *legítima* (art. 1.846, Código Civil). Essa regra não pode ser modificada pelo autor da herança nem mesmo por meio de testamento. Contudo, ocorrendo alguma das causas de deserdação ou indignidade, os descendentes podem deixar de receber seu quinhão hereditário.

Há de se observar, também, que a linha de descendência não tem limite, abarcando filhos, netos, bisnetos, tataranetos e assim por diante. Todavia, os descendentes mais próximos excluem os mais distantes, ou seja, se o falecido deixou filhos e netos, todos vivos, quem herda são os filhos. Um neto somente herdará se seu genitor for pré-morto ou considerado indigno.

10.3.2 Cônjuge ou companheiro

O legislador previu, ainda, como herdeiro necessário o cônjuge/companheiro sobrevivente. Assim, inexistindo ascendentes e descendentes, o cônjuge herda a integralidade do patrimônio deixado.

Uma questão importante a ser ressaltada é a chamada *meação*. Como vimos anteriormente, quando duas pessoas se casam, elas escolhem um regime de bens que regulará a relação. Isso pode ser feito também na constituição da união estável. Contudo, caso os companheiros não delimitem essa questão, o regime regente será a comunhão parcial.

A meação não é herança. Representa, simplesmente, os bens que não fazem parte do patrimônio do *de cujus*. Digamos, por exemplo, que Maria tenha casado com João sob o regime de comunhão universal de bens. Juntos, amealharam R$ 100.000,00 (cem mil reais) em bens. Com a morte de João, é como se houvesse uma separação automática desses bens, ou seja, Maria tem direito à metade e João à outra metade. Assim, no processo de sucessão, não serão divididos R$ 100.000,00 (cem mil reais), mas apenas R$ 50.000,00 (cinquenta mil), que é a parte de João. Os outros R$ 50.000,00 (cinquenta mil) são a meação de Maria.

Com exceção do regime de separação convencional de bens (art. 1.687, Código Civil), em todos os outros há o direito de meação ao cônjuge sobrevivente.

Além disso, a lei apresenta ressalvas em relação ao cônjuge sobrevivente, considerando que, muitas vezes, o vínculo está desfeito no momento do falecimento. É por esse motivo que o art. 1.830 do Código Civil assim estabelece:

> Art. 1.830. Somente é reconhecido direito sucessório ao cônjuge sobrevivente se, ao tempo da morte do outro, não estavam separados judicialmente, nem separados de fato há mais de dois anos, salvo prova, neste caso, de que essa convivência se tornara impossível sem culpa do sobrevivente. (Brasil, 2002)

Outro ponto relevante a ser considerado diz respeito ao direito real de habitação, que independe do regime da união, conforme dispõe o art. 1.831 do Código Civil:

> Art. 1.831. Ao cônjuge sobrevivente, qualquer que seja o regime de bens, será assegurado, sem prejuízo da participação que lhe caiba na herança, o direito real de habitação relativamente ao imóvel destinado à residência

da família, desde que seja o único daquela natureza a inventariar. (Brasil, 2002)

Desse modo, ainda que o regime escolhido seja o de separação total de bens e que o imóvel no qual a família vivia fosse apenas do *de cujus*, o cônjuge sobrevivente tem o direito de continuar residindo nele.

10.3.3 Ascendentes

Os ascendentes, assim como os descendentes, são herdeiros legítimos e necessários. Aqui estão incluídos pais, avós, bisavós etc. A previsão legal para tanto é encontrada no inciso II do art. 1.829 do Código Civil.

Contudo, os ascendentes somente herdarão se não existirem descendentes. Note, ainda, que não há limite de graus em relação a eles, mas os ascendentes mais próximos excluem os mais distantes.

10.3.4 Colaterais

Os colaterais, embora sejam herdeiros legítimos, não são herdeiros necessários. Os herdeiros legítimos são aqueles que estão legitimados a receber a herança por força da lei, ao passo que os herdeiros necessários são aqueles que não podem ficar fora da sucessão. Isso significa que os necessários têm direito à metade dos bens da herança deixada (art. 1.846, Código Civil).

Para deixar isso mais claro, vejamos um exemplo: João, solteiro, é pai de Caio e Fernando, mas tem uma relação conturbada com este último. Ele gostaria de deixar todo o seu patrimônio, no valor de R$ 100.000,00 (cem mil reais), para Caio, que é o filho preferido. Porém, ele não pode fazer isso, pois Fernando é herdeiro necessário. Assim, a metade do patrimônio de João obrigatoriamente deve ser destinada aos herdeiros necessários (Caio e Fernando), e a outra metade ele pode dispor como quiser.

Os colaterais não são herdeiros necessários. Vamos considerar outro exemplo: João não tem ascendentes, descendentes ou cônjuge/companheiro, mas tem um irmão, Francisco. Há um mês, João conheceu Luciana e decidiu fazer um testamento destinando a ela todos os seus bens, no valor de R$ 100.000,00 (cem mil reais). João está autorizado a fazer isso, pois Francisco não é herdeiro necessário, embora seja herdeiro legítimo.

10.4 Excluídos da sucessão

Como vimos, quando uma pessoa falece, ocorre a imediata transmissão de seus bens aos herdeiros legítimos ou testamentários. Isso acontece graças ao princípio da *saisine*, uma criação do direito francês que tem em sua origem o objetivo de evitar a abominável prática na qual os senhores feudais ficavam com os bens dos servos após a morte destes e os herdeiros somente teriam acesso a eles caso pagassem altos impostos.

Existem, no entanto, situações em que tanto os herdeiros legítimos quanto os testamentários, ainda que necessários, serão excluídos da sucessão. Como mencionamos anteriormente, havendo herdeiros necessários, estes têm direito à metade dos bens do *de cujus*, não podendo este último determinar a exclusão dessa condição sem motivo fundamentado.

A lei, todavia, reconhecendo a existência de situações bastante peculiares, listou algumas ocasiões em que haverá a exclusão dos herdeiros ou legatários da sucessão, o que poderá ocorrer por indignidade ou por deserdação.

Embora pareçam a mesma coisa, indignidade e deserdação são institutos distintos, que, aliás, estão previstos em artigos afastados do Código Civil. Para esclarecer a questão, passemos à análise de casa um deles.

10.4.1 Indignidade

O Código Civil, em seus arts. 1.814 e seguintes, estabelece as situações em que uma pessoa será excluída da sucessão por ser considerada indigna. Isso ocorre quando o herdeiro realizou uma conduta grave a ponto de resultar em uma punição e pode ser imposto aos herdeiros legítimos, necessários, facultativos, testamentários e legatários.

Segundo prescreve o art. 1.814 do Código Civil,

> Art. 1.814. São excluídos da sucessão os herdeiros ou legatários:
>
> I – que houverem sido autores, coautores ou partícipes de homicídio doloso, ou tentativa deste, contra a pessoa de cuja sucessão se tratar, seu cônjuge, companheiro, ascendente ou descendente;
>
> II – que houverem acusado caluniosamente em juízo o autor da herança ou incorrerem em crime contra a sua honra, ou de seu cônjuge ou companheiro;
>
> III – que, por violência ou meios fraudulentos, inibirem ou obstarem o autor da herança de dispor livremente de seus bens por ato de última vontade. (Brasil, 2002)

Não faria nenhum sentido o assassino de alguém receber os valores decorrentes de sua herança, tampouco aquele que atentou contra o cônjuge, companheiro, ascendente ou descendente do autor da herança. Aceitar isso representaria uma afronta aos princípios éticos e morais mais primitivos. Assim, o legislador foi assertivo ao prever essa possibilidade de indignidade.

O inciso I descreve o que aconteceu com Suzane von Richthofen. Ela foi excluída da herança dos pais depois de ter planejado a morte deles, no ano de 2002. Nesse caso, os bens dos falecidos foram transferidos integralmente ao outro filho do casal.

Note, ainda, que a exclusão por indignidade deve ser sempre declarada por decisão judicial, no prazo de quatro anos da abertura da sucessão. Caracterizada a hipótese do inciso I, o Ministério Público tem legitimidade para demandar a exclusão em juízo.

A penalização, contudo, não pode ultrapassar a pessoa que realizou tais atos. Dessa forma, os descendentes do indigno herdam como se ele estivesse morto. Por sua vez, o excluído não pode assumir a administração dos bens, na forma do art. 1.816 do Código Civil.

Utilizando o exemplo anterior, é preciso observar que, caso Suzane von Richthofen tivesse um filho na época em que seus pais morreram, ela seria excluída da herança por indignidade, mas seu filho herdaria os valores que caberiam a ela. Entretanto, a lei prevê que Suzane não teria direito ao usufruto nem à administração dos bens.

Outra hipótese de indignidade é aquela na qual o herdeiro acusou o autor da herança de maneira caluniosa em juízo ou cometeu outro crime contra a honra do *de cujus* ou de cônjuge ou companheiro deste.

Os crimes contra a honra estão previstos no Código Penal a partir do art. 138, quais sejam: calúnia, difamação e injúria. Na calúnia, alguém imputa a outrem, falsamente, fato criminoso. Na difamação, uma pessoa imputa a outra um fato ofensivo à sua reputação. Já na injúria, alguém ofende outrem, atingindo sua dignidade ou seu decoro.

Comprovada a prática de qualquer um desses casos pelo herdeiro ou legatário, contra o *de cujus*, seu cônjuge ou companheiro, ele estará excluído da sucessão.

Por fim, existe o caso em que o herdeiro ou legatário utiliza meios violentos ou fraudulentos para impedir que o autor da herança disponha livremente de seus bens. Comprovada essa situação, também haverá a exclusão da sucessão por indignidade.

10.4.2 Deserdação

A deserdação é a segunda forma apresentada pelo Código Civil para possibilitar a exclusão de um herdeiro da sucessão. Diferentemente da indignidade, a deserdação é restrita aos herdeiros necessários e somente pode ser determinada por testamento, com expressa declaração dos motivos. As causas pelas quais a deserdação pode ocorrer estão previstas nos arts. 1.962 e 1.963:

> Art. 1.962. Além das causas mencionadas no art. 1.814, autorizam a deserdação dos descendentes por seus ascendentes:
>
> I – ofensa física;
>
> II – injúria grave;
>
> III – relações ilícitas com a madrasta ou com o padrasto;
>
> IV – desamparo do ascendente em alienação mental ou grave enfermidade.
>
> Art. 1.963. Além das causas enumeradas no art. 1.814, autorizam a deserdação dos ascendentes pelos descendentes:
>
> I – ofensa física;
>
> II – injúria grave;

III – relações ilícitas com a mulher ou companheira do filho ou a do neto, ou com o marido ou companheiro da filha ou o da neta;

IV – desamparo do filho ou neto com deficiência mental ou grave enfermidade. (Brasil, 2002)

Os dois dispositivos são muito parecidos, mudando apenas os papéis de agressor e agredido, razão pela qual vamos analisá-los juntos.

O respeito é uma questão muito importante nas relações familiares, embora saibamos que as coisas muitas vezes não acontecem assim. Tendo isso em vista, a lei prevê algumas situações graves em que o dever de respeito é quebrado. Assim, havendo ofensa física ou injúria grave, não parece lógico que o agressor se mantenha herdeiro, sendo, pois, excluído da sucessão.

Do mesmo modo, relações ilícitas de sogros/sogras com noras/genros quebram o dever de confiança e possibilitam a deserdação do parente faltoso. Por fim, a lei trata de situações em que o dever de cuidado é quebrado, seja na velhice dos pais, seja na infância dos filhos.

É importante atentar para o fato de que o direito de provar a deserdação extingue-se em quatro anos, contados a partir da data da abertura do testamento, cabendo ao herdeiro instituído, ou àquele a quem aproveite a exclusão da herança, provar que é verdadeira a fundamentação do testador para a deserdação.

10.5 Cessão de direitos hereditários

Um dos temais mais interessantes do direito das sucessões diz respeito à possibilidade de cessão dos direitos hereditários, o que pode ser feito desde o momento da abertura da sucessão e tem como objetivo encerrar a situação condominial dos herdeiros.

A cessão pode ocorrer de maneira gratuita ou onerosa e precisa ser feita em benefício de pessoa específica (física ou jurídica). Desse modo, o direito que era do herdeiro passa ao terceiro determinado, que pode ser outro herdeiro ou não.

Seu regramento acontece a partir do art. 1.793 do Código Civil, que assim prescreve:

> Art. 1.793. O direito à sucessão aberta, bem como o quinhão de que disponha o co-herdeiro, pode ser objeto de cessão por escritura pública.
>
> § 1º Os direitos, conferidos ao herdeiro em consequência de substituição ou de direito de acrescer, presumem-se não abrangidos pela cessão feita anteriormente.
>
> § 2º É ineficaz a cessão, pelo co-herdeiro, de seu direito hereditário sobre qualquer bem da herança considerado singularmente.
>
> § 3º Ineficaz é a disposição, sem prévia autorização do juiz da sucessão, por qualquer herdeiro, de bem componente do acervo hereditário, pendente a indivisibilidade. (Brasil, 2002)

Tanto o direito à sucessão quanto o quinhão do co-herdeiro podem ser objeto de cessão. Em quaisquer dos casos, a medida deve ser realizada por meio de escritura pública.

É necessário cuidado, entretanto, para não confundir a cessão com a renúncia. No primeiro caso, o herdeiro cede seu quinhão em favor de uma pessoa específica, o que pode ocorrer de modo gratuito ou oneroso. Na renúncia, ele simplesmente "abre mão" dos valores. Nesse último caso, o montante que seria destinado ao renunciante volta ao monte mor e deve ser dividido indistintamente entre os outros herdeiros.

A cessão pode ser feita em favor de qualquer pessoa, porém, para evitar conflitos e prestigiar os herdeiros, o legislador previu que eles têm direito de preferência na cessão. Assim, o cedente tem o dever de, primeiramente, ofertar o direito a um dos outros herdeiros e, somente se não houver interessados, poderá oferecê-lo a terceiros, conforme estabelece o art. 1.794 do Código Civil.

A oferta ao herdeiro precisa ter as mesmas condições daquela feita a um terceiro. Portanto, não é possível ofertar os direitos hereditários a outro herdeiro por R$ 50.000,00 (cinquenta mil reais) e, após a recusa, ceder a um terceiro por R$ 10.000,00 (dez mil reais), sob pena de o negócio jurídico ser anulado.

Ademais, o oferecimento da quota hereditária a outro herdeiro antes de ofertar a terceiros é uma obrigação legal. Caso isso não seja realizado, qualquer dos co-herdeiros poderá, simplesmente, depositar o valor e pegar para si a quota cedida ao terceiro (art. 1.795, Código Civil).

10.6 Testamento

O testamento é um negócio jurídico formal por meio do qual uma pessoa capaz faz determinações sobre bens e/ou outros assuntos que terão reflexos após sua morte. O testamento não é obrigatório, tanto que, no Brasil, a maioria das pessoas falece sem deixar essas disposições, e a validade desse documento depende de uma série de formalidades.

Quanto às características, o testamento é personalíssimo, unilateral, revogável, formal e solene, gratuito, imprescritível e *causa mortis*. É personalíssimo porque depende da vontade do testador. Unilateral pois essa vontade é unicamente do autor da herança, não dependendo do consentimento de uma terceira pessoa. Revogável porque pode ser modificado. Formal e solene porque depende do atendimento aos ditames e às formas legalmente previstas para ter validade. Gratuito por não exigir o pagamento de valores. Imprescritível por não ter prazo de validade. *E causa mortis* por ter eficácia a partir da morte do autor da herança.

O tema é tratado a partir do art. 1.857 do Código Civil e, como vimos anteriormente, quem tem herdeiros necessários, caso decida fazer um testamento, precisará destinar, no mínimo, 50% (cinquenta por cento) de seu patrimônio para eles, o que somente poderá ser dispensado nos casos de indignidade ou deserdação. Portanto, apenas os outros 50% (cinquenta por cento) poderão ser dispostos da forma que o autor da herança desejar.

Dessarte, o testamento é um ato personalíssimo, que poderá ser modificado a qualquer tempo. Pode existir mais de um testamento, desde que não haja incompatibilidade entre eles. Do contrário, vige aquele que for mais recente.

Além disso, o testamento poderá ser impugnado no prazo de cinco anos a partir da data de seu registro.

Outro ponto relevante é atinente à divisão dos testamentos, que podem ser ordinários ou especiais. Segundo o art. 1.862 do Código Civil,

> Art. 1.862. São testamentos ordinários:
>
> I – o público;
>
> II – o cerrado;
>
> II – o particular. (Brasil, 2002)

Vamos, então, analisar mais detalhadamente cada um deles.

10.6.1 Testamento público

O Código Civil determina expressamente os requisitos para um testamento público em seu art. 1.864:

Art. 1.864. São requisitos essenciais do testamento público:

I. ser escrito por tabelião ou por seu substituto legal em seu livro de notas, de acordo com as declarações do testador, podendo este servir-se de minuta, notas ou apontamentos;
II. lavrado o instrumento, ser lido em voz alta pelo tabelião ao testador e a duas testemunhas, a um só tempo; ou pelo testador, se o quiser, na presença destas e do oficial;
III. ser o instrumento, em seguida à leitura, assinado pelo testador, pelas testemunhas e pelo tabelião.

Parágrafo único. O testamento público pode ser escrito manualmente ou mecanicamente, bem como ser feito pela inserção da declaração de vontade em partes impressas de livro de notas, desde que rubricadas todas as páginas pelo testador, se mais de uma. (Brasil, 2002)

Ainda, há os casos em que o testador não pode ou não sabe assinar. Nessas situações, o tabelião ou seu substituto legal fará essa declaração e assinarão o tabelião e uma testemunha instrumentária a rogo do testador (art. 1.865, Código Civil).

Necessário, ainda, consignar que o legislador se preocupou com as pessoas com deficiência no que se refere ao testamento, visto que assim estabeleceu:

Art. 1.866. O indivíduo inteiramente surdo, sabendo ler, lerá o seu testamento, e, se não o souber, designará quem o leia em seu lugar, presentes as testemunhas.

Art. 1.867. Ao cego só se permite o testamento público, que lhe será lido, em voz alta, duas vezes, uma pelo tabelião ou por seu substituto legal, e a outra por uma das testemunhas, designada pelo testador, fazendo-se de tudo circunstanciada menção no testamento. (Brasil, 2002)

Portanto, caso o testador seja surdo ou cego, a validade do testamento dependerá do atendimento das formalidades legais previstas nos dispositivos ora transcritos.

10.6.2 Testamento cerrado

O testamento cerrado está previsto no art. 1.868 do Código Civil, que assim o delimita:

> Art. 1.868. O testamento escrito pelo testador, ou por outra pessoa, a seu rogo, e por aquele assinado, será válido se aprovado pelo tabelião ou seu substituto legal, observadas as seguintes formalidades:
>
> I. que o testador o entregue ao tabelião em presença de duas testemunhas;
> II. que o testador declare que aquele é o seu testamento e quer que seja aprovado;
> III. que o tabelião lavre, desde logo, o auto de aprovação, na presença de duas testemunhas, e o leia, em seguida, ao testador e testemunhas;
> IV. que o auto de aprovação seja assinado pelo tabelião, pelas testemunhas e pelo testador.
>
> Parágrafo único. O testamento cerrado pode ser escrito mecanicamente, desde que seu subscritor numere e autentique, com a sua assinatura, todas as páginas. (Brasil, 2002)

Esses, portanto, são requisitos essenciais à validade do testamento cerrado. Ademais, não pode fazer testamento cerrado quem não sabe ou não possa ler (art. 1.872, Código Civil).

Após o falecimento do testador, deve ser cumprido o art. 1.875 do Código Civil:

Art. 1.875. Falecido o testador, o testamento será apresentado ao juiz, que o abrirá e o fará registrar, ordenando seja cumprido, se não achar vício externo que o torne eivado de nulidade ou suspeito de falsidade.

10.6.3 Testamento particular

O testamento particular é escrito pelo autor da herança e pode ser feito à mão ou por meio de processo mecânico. Sua validade está condicionada à sua leitura e assinatura pelo testador, na presença de três testemunhas, que devem subscrevê-lo. Quando escrito por processo mecânico, não pode conter rasuras ou espaços em branco.

Após a morte do autor da herança, o testamento será publicado em juízo, e os herdeiros legítimos serão citados. A confirmação do testamento dependerá da confirmação dos fatos pelas testemunhas.

Contudo, em circunstâncias excepcionais, o testamento particular escrito de próprio punho poderá ser conformado judicialmente.

10.6.4 Testamentos especiais

Os testamentos especiais estão previstos no art. 1.886 do Código Civil e tratam de situações peculiares. Segundo o dispositivo,

> Art. 1.886. São testamentos especiais:
>
> I – o marítimo;
>
> II – o aeronáutico;
>
> III – o militar.
>
> Art. 1.887. Não se admitem outros testamentos especiais além dos contemplados neste Código. (Brasil, 2002)

O testamento marítimo será possível quando o testador estiver em viagem, a bordo de um navio nacional, de guerra ou mercante. Ele é produzido perante o comandante do navio com a presença de duas testemunhas, e seu registro é feito no diário de bordo.

Já o testamento aeronáutico poderá ser feito pelo testador que estiver em aeronave militar ou comercial e também se dará perante o comandante.

Em ambos os casos, os testamentos permanecerão na posse do comandante, que o entregará às autoridades administrativas assim que chegar ao primeiro porto ou aeroporto.

Por fim, o testamento militar poderá ser feito pelo testador que estiver a serviço das Forças Armadas, em campanha, e será concretizado perante duas ou três testemunhas, na forma do art. 1.893 do Código Civil.

10.7 Legado

O legado é um negócio jurídico por meio do qual o autor da herança concede a alguém uma vantagem econômica específica que será usufruída após sua morte. Nele há três sujeitos: o testador (legante), o legatário (beneficiário) e o herdeiro, inventariante ou testamenteiro (quem deve fazer o legado ser cumprido).

Essa concessão não se confunde com a herança, mormente porque esta é uma universalidade de bens, ao passo que o legado se refere a um bem específico e determinado. Por exemplo, uma pessoa tem dez imóveis e, como herdeiros necessários, apenas seus dois filhos. Ela quer deixar um desses imóveis para seu sobrinho. Esse imóvel individual é um legado.

Em razão das normas legais já estudadas, o autor da herança que tenha herdeiros necessários somente poderá dispor de 50%

(cinquenta por cento) de seus bens para a pessoa que considera merecedora.

Voltando ao exemplo dado anteriormente, em que a pessoa tem dez imóveis e dois filhos, devemos observar que, caso ela desejasse, poderia doar ao seu sobrinho ou outra pessoa cinco desses imóveis. Os outros cinco precisariam ser destinados aos filhos dela.

Note, ainda, que, conforme explica Dias (2021), existem outros nomes usados em lugar dos termos citados. Por exemplo, em vez de *legado*, pode ser utilizado o termo *deixa*; *legatário* pode ser substituído por *honrado*. Por fim, aquele incumbido de cumprir a determinação do legado pode ser chamado de *onerado*.

O tema relativo ao legado é tratado a partir do art. 1.923 do Código Civil, que consigna que é ineficaz o legado envolvendo coisa que não pertença ao testador. Contudo, não é necessário que a integralidade do bem seja do testador. Sendo o autor da herança dono parcial do bem, o legado pode abranger apenas essa parte, mantendo-se quanto à outra o dono original.

Da mesma forma que o quinhão hereditário, o legado pertence ao legatário desde o momento da abertura da sucessão, nos termos do art. 1.923 do Código Civil:

> Art. 1.923. Desde a abertura da sucessão, pertence ao legatário a coisa certa, existente no acervo, salvo se o legado estiver sob condição suspensiva. (Brasil, 2002)

Vale ressaltar que é possível a caducidade do legado, o que acontecerá nas hipóteses previstas no art. 1.939 do Código Civil:

> Art. 1.939. Caducará o legado:
>
> I – se, depois do testamento, o testador modificar a coisa legada, ao ponto de já não ter a forma nem lhe caber a denominação que possuía;

II – se o testador, por qualquer título, alienar no todo ou em parte a coisa legada; nesse caso, caducará até onde ela deixou de pertencer ao testador;

III – se a coisa perecer ou for evicta, vivo ou morto o testador, sem culpa do herdeiro ou legatário incumbido do seu cumprimento;

IV – se o legatário for excluído da sucessão, nos termos do art. 1.815;

V – se o legatário falecer antes do testador.

Art. 1.940. Se o legado for de duas ou mais coisas alternativamente, e algumas delas perecerem, subsistirá quanto às restantes; perecendo parte de uma, valerá, quanto ao seu remanescente, o legado. (Brasil, 2002)

Assim, ocorrendo alguma dessas hipóteses, o legado deixará de existir.

10.8 Codicilo

O codicilo pode ser definido, de modo didático, como uma espécie de pequeno testamento no qual seu autor apresenta recomendações e desejos a respeito das medidas que deverão ser realizadas após seu falecimento.

O nome decorre da palavra *codex*, que significa "pequeno escrito". Note, ainda, que existem muitas críticas em relação à expressão *pequeno testamento*, por não ser tecnicamente correta, visto que não apresenta as formalidades e solenidades do testamento.

Apesar das críticas, algumas de suas características se assemelham às de um testamento, como a capacidade de testar. Segundo consta no art. 1.881 do Código Civil,

> Art. 1.881. Toda pessoa capaz de testar poderá, mediante escrito particular seu, datado e assinado, fazer disposições especiais sobre o seu enterro, sobre esmolas de pouca monta a certas e determinadas pessoas, ou, indeterminadamente, aos pobres de certo lugar, assim como legar móveis, roupas ou joias, de pouco valor, de seu uso pessoal. (Brasil, 2002)

O codicilo é ato autônomo, ou seja, independe da existência de testamento, embora possa constar dele. Contudo, é preciso fazer uma ressalva em relação a eventuais direitos de terceiro. Note que o codicilo somente dirá respeito a bens de pouca monta, bem como a disposições especiais sobre o enterro de seu autor. Havendo bens imóveis, por exemplo, será necessária a elaboração de um testamento, sob pena de ser aplicada a sucessão legal.

Como o codicilo independe de testamento, é bastante óbvio que pode existir ao mesmo tempo que ele, porém, se as disposições testamentárias posteriores não confirmarem o codicilo ou o modificarem, o testamento é que terá validade, nos termos do art. 1.884:

> Art. 1.884. Os atos previstos nos artigos antecedentes revogam-se por atos iguais, e consideram-se revogados, se, havendo testamento posterior, de qualquer natureza, este os não confirmar ou modificar. (Brasil, 2002)

Por fim, perceba que o codicilo fechado será aberto do mesmo modo que o testamento cerrado, por força da previsão contida no art. 1.885 do Código Civil.

10.9 Inventário

O inventário é o procedimento por meio do qual os bens e as dívidas do *de cujus* são listados, com o objetivo de proceder à sua partilha, ou seja, à sua divisão. Como consignamos anteriormente, no momento em que alguém falece, seus bens e suas dívidas são transmitidos automaticamente aos seus herdeiros por força do princípio da *saisine*.

A partir desse momento, eles são considerados um todo único, do qual os herdeiros são condôminos, situação que subsistirá até que a efetiva partilha seja realizada.

O tema é tratado nos arts. 1.991 e seguintes do Código Civil, que determinam que, da assinatura do compromisso até a homologação da partilha, quem administra a herança é o inventariante.

O procedimento do inventário é previsto no Código de Processo Civil, que disciplina o tema a partir do art. 610. Caso haja testamento ou herdeiro incapaz, o inventário deverá ocorrer pela via judicial. De outro modo, não havendo incapazes e estando os herdeiros concordes, o procedimento poderá ocorrer pela via extrajudicial.

10.9.1 Inventário judicial

O processo de inventário judicial deve ser iniciado no prazo de dois meses a partir da abertura da sucessão (art. 611, Código de Processo Civil), sob pena de pagamento de multa estadual. Ademais, a lei prevê o prazo de 12 (doze) meses para conclusão do processo.

O art. 615 apresenta um rol de legitimados para requerer o inventário:

> Art. 615. O requerimento de inventário e de partilha incumbe a quem estiver na posse e na administração do espólio, no prazo estabelecido no art. 611.
>
> Parágrafo único. O requerimento será instruído com a certidão de óbito do autor da herança.
>
> Art. 616. Têm, contudo, legitimidade concorrente:

I– o cônjuge ou companheiro supérstite;

II – o herdeiro;

III – o legatário;

IV – o testamenteiro;

V – o cessionário do herdeiro ou do legatário;

VI – o credor do herdeiro, do legatário ou do autor da herança;

VII – o Ministério Público, havendo herdeiros incapazes;

VIII – a Fazenda Pública, quando tiver interesse;

IX – o administrador judicial da falência do herdeiro, do legatário, do autor da herança ou do cônjuge ou companheiro supérstite. (Brasil, 2015)

Recebida a inicial, o juiz nomeará um inventariante para representar o espólio, e este deverá prestar compromisso. Em seguida, inicia-se o prazo de 20 (vinte dias) para que as primeiras declarações sejam prestadas.

Nas primeiras declarações, devem constar todos os requisitos do art. 620 do Código de Processo Civil, quais sejam:

Art. 620. Dentro de 20 (vinte) dias contados da data em que prestou o compromisso, o inventariante fará as primeiras declarações, das quais se lavrará termo circunstanciado, assinado pelo juiz, pelo escrivão e pelo inventariante, no qual serão exarados:

I – o nome, o estado, a idade e o domicílio do autor da herança, o dia e o lugar em que faleceu e se deixou testamento;

II – o nome, o estado, a idade, o endereço eletrônico e a residência dos herdeiros e, havendo cônjuge ou companheiro supérstite, além dos respectivos dados pessoais, o regime de bens do casamento ou da união estável;

III – a qualidade dos herdeiros e o grau de parentesco com o inventariado;

IV –a relação completa e individualizada de todos os bens do espólio, inclusive aqueles que devem ser conferidos à colação, e dos bens alheios que nele forem encontrados, descrevendo-se:

a) os imóveis, com as suas especificações, nomeadamente local em que se encontram, extensão da área, limites, confrontações, benfeitorias, origem dos títulos, números das matrículas e ônus que os gravam;

b) os móveis, com os sinais característicos;

c) os semoventes, seu número, suas espécies, suas marcas e seus sinais distintivos;

d) o dinheiro, as joias, os objetos de ouro e prata e as pedras preciosas, declarando-se-lhes especificadamente a qualidade, o peso e a importância;

e) os títulos da dívida pública, bem como as ações, as quotas e os títulos de sociedade, mencionando-se-lhes

f) o número, o valor e a data;

g) as dívidas ativas e passivas, indicando-se-lhes as datas, os títulos, a origem da obrigação e os nomes dos credores e dos devedores;

h) direitos e ações;

i) o valor corrente de cada um dos bens do espólio. (Brasil, 2015)

Importante notar que os herdeiros têm o dever de informar os bens sobre os quais tenham conhecimento, nos termos do art. 1.992 do Código Civil:

> Art.1.992. O herdeiro que sonegar bens da herança, não os descrevendo no inventário quando estejam em seu poder, ou, com o seu conhecimento, no de outrem, ou que

os omitir na colação, a que os deva levar, ou que deixar de restituí-los, perderá o direito que sobre eles lhe cabia. (Brasil, 2002)

Ademais, se o sonegador for o inventariante, ele será removido da função. A sonegação deverá ser objeto de ação própria, ajuizada pelos herdeiros ou credores do *de cujus*. De outro modo, a sonegação somente poderá ser arguida depois de o inventariante listar os bens descritos e declarar que inexistem outros a inventariar (art. 621, Código de Processo Civil).

Recebidas as primeiras declarações, serão citados para participar do processo todos os possíveis herdeiros e legatários, para que se manifestem sobre as primeiras declarações feitas, no prazo de 15 (quinze) dias. Qualquer deles poderá fazer arguições ou impugnações, que deverão ser analisadas pelo magistrado.

Os bens são, então, avaliados, e essa avaliação deve ser levada à apreciação de todos os interessados, especialmente a Fazenda Pública. Não havendo impugnações ou sendo elas resolvidas, é lavrado termo de últimas declarações, quando o inventariante pode emendar, aditar ou complementar as primeiras (art. 636, Código de Processo Civil).

Estando tudo em termos e pagos os impostos e outras dívidas do *de cujus*, será realizada a partilha dos bens, ou seja, a divisão deles.

Havendo testamento, ele será considerado, desde que atenda aos ditames legais, ou seja, não exclua indevidamente nenhum de seus herdeiros necessários nem ultrapasse o valor necessário à garantia da legítima.

Por fim, é proferida sentença homologando a partilha e é expedido um formal de partilha, que servirá para que os herdeiros realizem a transmissão dos bens para seus nomes.

10.9.2 Inventário extrajudicial

Não existem dúvidas quanto à excessiva morosidade do Poder Judiciário para julgamento das demandas que são levadas ao seu conhecimento, razão pela qual muitos juristas costumam afirmar que estamos vivendo uma verdadeira crise de efetividade. Essa definição se verifica em razão não apenas da demora na tramitação judicial como também da dificuldade de se dar efetividade às decisões judiciais proferidas.

Faltam pessoas e equipamentos adequados em grande parte dos tribunais do país, e a situação piora consideravelmente quando analisamos a questão das comarcas localizadas no interior.

Sabemos, ademais, que incluir os princípios da celeridade e da economicidade nos textos legais não resolve o problema, mas algumas iniciativas têm buscado solucionar questões mais simples pela via extrajudicial.

Assim, nos últimos anos, juristas e parlamentares têm se debruçado sobre essa questão, com o intuito de encontrar formas de diminuir os processos judiciais, ou seja, levar a solução de conflitos para a via extrajudicial, o que foi feito com o divórcio, com a usucapião e também com o inventário. Todos eles podem ser feitos em cartório.

Desde 2007, é possível realizar inventário extrajudicial no Brasil graças ao advento da Lei n. 11.441, de 4 de janeiro de 2007. O procedimento pode ser feito quando não existem herdeiros incapazes e desde que haja consenso entre os interessados. Além disso, para que o procedimento seja possível, não pode haver testamento válido.

Atualmente, o procedimento está previsto nos parágrafos do art. 610 do Código de Processo Civil:

Art. 610. Havendo testamento ou interessado incapaz, proceder-se-á ao inventário judicial.

§ 1º Se todos forem capazes e concordes, o inventário e a partilha poderão ser feitos por escritura pública, a qual constituirá documento hábil para qualquer ato de registro, bem como para levantamento de importância depositada em instituições financeiras.

§ 2º O tabelião somente lavrará a escritura pública se todas as partes interessadas estiverem assistidas por advogado ou por defensor público, cuja qualificação e assinatura constarão do ato notarial. (Brasil, 2015)

Os herdeiros reúnem os documentos atinentes aos bens e às dívidas deixados, bem como seus documentos pessoais, realizam o recolhimento do Imposto de Transmissão *Causa Mortis* e Doação (ITCMD) e levam o pleito ao conhecimento do tabelião.

O primeiro passo, portanto, é procurar um advogado especialista em direito sucessório. Em seguida, ele vai instruir o cliente sobre os documentos necessários à realização do ato, que podem variar um pouco de estado para estado, mas incluem basicamente:

» RG e CPF do *de cujus*, dos herdeiros e dos respectivos cônjuges;
» certidões de casamento ou união estável;
» certidão de óbito;
» comprovante de endereço;
» certidão negativa de débitos;
» certidão de inexistência de testamento;
» certidão de inexistência de dependentes no Instituto Nacional do Seguro Social (INSS);
» certidão negativa de débitos trabalhistas;
» documentos dos bens deixados pelo *de cujus*, como documentos de veículos e matrículas de imóveis;
» comprovante de recolhimento do ITCMD.

Reunidos os documentos, o advogado elabora uma minuta de partilha, que é protocolada no Cartório de Notas. Estando tudo em ordem, é confecionada uma escritura pública – documento necessário à transferência dos bens do *de cujus* aos herdeiros. Outra vantagem do inventário extrajudicial está nos valores pagos para sua realização, que são muito mais modestos do que aqueles resultantes de um processo judicial.

Ademais, o inventário extrajudicial é extremamente seguro e garante às partes todos os direitos. Contudo, se houver irregularidades, estas poderão ser questionadas por meio de ação anulatória, que tramitará perante o Poder Judiciário.

> **CONSULTANDO A LEGISLAÇÃO**
>
> BRASIL. Constituição (1988). **Diário Oficial da União**, Brasília, DF, 5 out. 1988. Disponível em: <https://www.planalto.gov.br/ccivil_03/constituicao/constituicao.htm>. Acesso em: 15 mar. 2023.
>
> BRASIL. Lei n. 6.015, de 31 de dezembro de 1973. **Diário Oficial da União**, Poder Legislativo, Brasília, DF, 31 dez. 1973. Disponível em: <https://www.planalto.gov.br/ccivil_03/leis/l6015compilada.htm>. Acesso em: 15 mar. 2023.
>
> BRASIL. Lei n. 10.406, de 10 de janeiro de 2002. **Diário Oficial da União**, Poder Legislativo, Brasília, DF, 11 jan. 2002. Disponível em: <https://www.planalto.gov.br/ccivil_03/leis/2002/l10406compilada.htm>. Acesso em: 15 mar. 2023.
>
> BRASIL. Lei n. 13.105, de 16 de março de 2015. **Diário Oficial da União**, Poder Legislativo, Brasília, DF, 17 mar. 2015. Disponível em: <https://www.planalto.gov.br/ccivil_03/_ato2015-2018/2015/lei/l13105.htm>. Acesso em: 15 mar. 2023.

Síntese

Quando alguém morre, opera-se o princípio da *saisine*, segundo o qual os bens são transferidos aos seus herdeiros automaticamente. Porém, ainda é necessário um processo, que pode ser judicial ou extrajudicial, para que o patrimônio seja transferido para os herdeiros. Mas a primeira pergunta que se faz é: Quem são os herdeiros? Tudo vai depender da existência ou não de testamento.

Quando há testamento e os eventuais herdeiros necessários não são prejudicados, o objetivo é dar cumprimento a ele, pois representa as manifestações de última vontade do *de cujus*. No entanto, quando não existe testamento, a própria lei define quem são os legitimados a suceder. Em regra, os processos judiciais de inventário, em que não há acordo entre as partes, demoram anos para serem finalizados. Por essa razão, é muito importante utilizar as câmaras de conciliação e mediação para fazer com que essas demandas cheguem a termo da maneira mais rápida e efetiva possível.

Questões para revisão

1) Entre os sujeitos mencionados a seguir, **não** é um herdeiro necessário:

   a. cônjuge.
   b. descendente.
   c. ascendente.
   d. irmão.

2) A herança declarada vacante é destinada:

   a. à Fazenda Pública.
   b. aos descendentes.

    c. aos ascendentes.
    d. aos colaterais.

3) **Não** é uma espécie de testamento especial:

    a. o marítimo.
    b. o aeronáutico.
    c. o militar.
    d. o público.

4) O que é codicilo?

5) O que é legado?

Questões para reflexão

1) Quais são as vantagens do inventário extrajudicial?

2) Quais as vantagens de se fazer um testamento?

A história das famílias nos mostra, de uma forma bastante precisa, as grandes transformações pelas quais as sociedades mundiais passaram no decorrer dos séculos. Não há dúvidas de que a união entre os seres humanos foi um fator fundamental para chegarmos até os dias de hoje. Por meio de erros e acertos, fomos moldando o mundo em que vivemos.

Segundo alguns estudiosos, nas primeiras civilizações, havia grande respeito e consideração pelas mulheres, visto que elas representavam a única linha de descendência conhecida pelos mais jovens. Posteriormente, por influência religiosa, elas perderam essa posição, passando à condição de quase absoluta submissão.

Depois de muitos anos admitindo que isso era um erro, as maiores nações do mundo criaram políticas fortes em busca da igualdade entre homens e mulheres em todos os campos.

No campo das relações matrimoniais, se, em um primeiro momento, a regra era a endogamia, posteriormente a ciência demonstrou os graves prejuízos em gerar filhos com pessoas com genética semelhante. Mudamos o rumo, passando a realizar casamentos arranjados, mas estes também não eram ideais,

considerações finais

visto que limitavam a liberdade das pessoas. Assim, atualmente, na maior parte do mundo, cada pessoa é livre para casar-se com quem ela quiser.

Contudo, nem o casamento passou ileso nesse processo. Considerado por muitos anos como a única forma possível para a constituição de famílias, passou a dividir o posto com a união estável e tantos outros institutos. Hoje, a família não precisa nem ser formada por pessoas ligadas por interesses sexuais ou românticos. O afeto é o suficiente, como naquelas constituídas por irmãos.

Também evoluímos no que se refere ao casamento entre pessoas do mesmo sexo, que já é permitido nas maiores e mais importantes nações.

Entretanto, assim como começam, os relacionamentos também terminam. É por isso que, superando anos de retrocesso, uma lei de 1977 passou a permitir pela primeira vez no Brasil o divórcio. Até então o casamento era indissolúvel.

A relação com os filhos igualmente evoluiu. Antes considerados objetos de tutela pelo Código de Menores, passaram a ser sujeitos de direitos de modo tão impetuoso que até mesmo a expressão *poder familiar* perdeu sentido.

Sabemos, no entanto, que os conflitos familiares existem e continuarão existindo. A irresignação é natural do espírito humano. Então, o ideal é sempre buscar soluções consensuais, pois são raros os casos em que, após o divórcio, as partes não precisem conviver nunca mais. Se existem filhos, uma solução amistosa facilitará muito os demais anos que virão.

O direito das sucessões também progrediu. Se, no passado, era comum excluir as filhas mulheres (e, algumas vezes, até os filhos homens que não ocupassem a posição de primogenitura) da sucessão, hoje deve haver igualdade e equilíbrio. Além disso, o procedimento foi facilitado e, agora, pode ser realizado pela via extrajudicial, de modo muito mais rápido e barato.

Portanto, o direito das famílias e sucessões evoluiu de maneira expressiva, o que, no Brasil, aconteceu principalmente a partir da entrada em vigor da Constituição Federal de 1988.

Mas ainda existem diversos desafios a serem vencidos nos próximos anos, entre os quais podemos mencionar: tornar a igualdade entre os sexos uma situação real, e não apenas legal; garantir o respeito e a segurança das pessoas LGBTQIA+; reconhecer as famílias simultâneas e poliafetivas; conscientizar muitos pais da extrema importância de auxiliarem seus filhos financeiramente, mesmo quando não mais mantiverem uma relação amorosa com a mãe deles.

Enfim, o século XXI está apenas começando, mas temos todos nós muito trabalho pela frente.

ANDRADE, P. SNA detalha estatísticas da adoção e do acolhimento no Brasil. **Agência CNJ de Notícias**, 31 mar. 2020. Disponível em: <https://www.cnj.jus.br/estatisticas-da-adocao-e-do-acolhimento-no-brasil-sna/>. Acesso em: 15 mar. 2023.

BRASIL. Câmara dos Deputados. Projeto de Lei n. 4.375/2021. Brasília, 2021a. Prevê a guarda compartilhada de animais de estimação e dá outras providências. Disponível em: <https://www.camara.leg.br/propostas-legislativas/2311683>. Acesso em: 15 mar. 2023.

BRASIL. Constituição (1824). **Coleção das Leis do Império do Brasil**, Rio de Janeiro, p. 7, v. 1, 1824. Disponível em: <https://www.planalto.gov.br/ccivil_03/constituicao/constituicao24.htm>. Acesso em: 15 mar. 2023.

BRASIL. Constituição (1891). **Diário Oficial da República dos Estados Unidos do Brasil**, Rio de Janeiro, 24 fev. 1891. Disponível em: <https://www.planalto.gov.br/ccivil_03/Constituicao/Constituicao91.htm>. Acesso em: 15 mar. 2023.

BRASIL. Constituição (1934). **Diário Oficial da União**, Rio de Janeiro, 16 jul. 1934. Disponível em: <https://www.planalto.gov.br/ccivil_03/Constituicao/Constituicao34.htm>. Acesso em: 15 mar. 2023.

BRASIL. Constituição (1937). **Diário Oficial da União**, Rio de Janeiro, 10 nov. 1937. Disponível em: <https://www.planalto.gov.br/ccivil_03/constituicao/constituicao37.htm>. Acesso em: 15 mar. 2023.

BRASIL. Constituição (1946). **Diário Oficial da União**, Rio de Janeiro, 19 set. 1946. Disponível em: <https://www.planalto.gov.br/ccivil_03/constituicao/constituicao46.htm>. Acesso em: 15 mar. 2023.

BRASIL. Constituição (1967). **Diário Oficial da União**, Brasília, DF, 24 jan. 1967. Disponível em: <https://www.planalto.gov.br/ccivil_03/constituicao/constituicao67.htm>. Acesso em: 15 mar. 2023.

BRASIL. Constituição (1988). **Diário Oficial da União**, Brasília, DF, 5 out. 1988. Disponível em: <https://www.planalto.gov.br/ccivil_03/constituicao/constituicao.htm>. Acesso em: 15 mar. 2023.

BRASIL. Decreto n. 56.435, de 8 de junho de 1965. **Diário Oficial da União**, Poder Executivo, Brasília, DF, 8 jun. 1965. Disponível em: <https://www.planalto.gov.br/ccivil_03/decreto/antigos/d56435.htm>. Acesso em: 15 mar. 2023.

BRASIL. Decreto n. 8.660, de 29 de janeiro de 2016. **Diário Oficial da União**, Poder Executivo, Brasília, DF, 1º fev. 2016a. Disponível em: <https://www.planalto.gov.br/ccivil_03/_ato2015-2018/2016/decreto/d8660.htm>. Acesso em: 15 mar. 2023.

BRASIL. Decreto-Lei n. 2.848, de 7 de dezembro de 1940. **Diário Oficial da União**, Poder Executivo, Rio de Janeiro, 31 dez. 1940. Disponível em: <https://www.planalto.gov.br/ccivil_03/decreto-lei/Del2848compilado.htm>. Acesso em: 15 mar. 2023.

BRASIL. Decreto-Lei n. 4.657, de 4 de setembro de 1942. **Diário Oficial da União**, Poder Executivo, Rio de Janeiro, 9 set. 1942. Disponível em: <https://www.planalto.gov.br/ccivil_03/decreto-lei/del4657.htm>. Acesso em: 15 mar. 2023.

BRASIL. Lei n. 883, de 21 de outubro de 1949. **Diário Oficial da União**, Poder Legislativo, Rio de Janeiro, 26 out. 1949. Disponível em: <https://www.planalto.gov.br/ccivil_03/leis/1930-1949/l0883.htm>. Acesso em: 15 mar. 2023.

BRASIL. Lei n. 3.071, de 1º de janeiro de 1916. **Diário Oficial da União**, Poder Legislativo, Rio de Janeiro, 5 jan. 1916. Disponível em: <https://www.planalto.gov.br/ccivil_03/leis/l3071.htm>. Acesso em: 15 mar. 2023.

BRASIL. Lei n. 4.121, de 27 de agosto de 1962. **Diário Oficial da União**, Poder Legislativo, Brasília, DF, 3 set. 1962. Disponível em: <http://www.planalto.gov.br/ccivil_03/leis/1950-1969/l4121.htm>. Acesso em: 15 mar. 2023.

BRASIL. Lei n. 6.015, de 31 de dezembro de 1973. **Diário Oficial da União**, Poder Legislativo, Brasília, DF, 31 dez. 1973. Disponível em: <https://www.planalto.gov.br/ccivil_03/leis/l6015compilada.htm>. Acesso em: 15 mar. 2023.

BRASIL. Lei n. 6.515, de 26 de dezembro de 1977. **Diário Oficial da União**, Poder Legislativo, Brasília, DF, 27 dez. 1977. Disponível em: <http://www.planalto.gov.br/ccivil_03/leis/l6515.htm>. Acesso em: 15 mar. 2023.

BRASIL. Lei n. 8.069, de 13 de julho de 1990. **Diário Oficial da União**, Poder Legislativo, Brasília, DF, 16 jul. 1990. Disponível em: <https://www.planalto.gov.br/ccivil_03/leis/l8069.htm>. Acesso em: 15 mar. 2023.

BRASIL. Lei n. 9.474, de 22 de julho de 1997. **Diário Oficial da União**, Poder Executivo, Brasília, DF, 23 jul. 1997. Disponível em: <http://www.planalto.gov.br/ccivil_03/leis/l9474.htm>. Acesso em: 15 mar. 2023.

BRASIL. Lei n. 10.406, de 10 de janeiro de 2002. **Diário Oficial da União**, Poder Legislativo, Brasília, DF, 11 jan. 2002. Disponível em: <https://www.planalto.gov.br/ccivil_03/leis/2002/l10406compilada.htm>. Acesso em: 15 mar. 2023.

BRASIL. Lei n. 11.804, de 5 de novembro de 2008. **Diário Oficial da União**, Poder Legislativo, Brasília, DF, 6 nov. 2008. Disponível em: <https://www.planalto.gov.br/ccivil_03/_ato2007-2010/2008/lei/l11804.htm>. Acesso em: 15 mar. 2023.

BRASIL. Lei n. 12.318, de 26 de agosto de 2010. **Diário Oficial da União**, Poder Legislativo, Brasília, DF, 27 ago. 2010. Disponível em: <https://www.planalto.gov.br/ccivil_03/_ato2007-2010/2010/lei/l12318.htm>. Acesso em: 15 mar. 2023.

BRASIL. Lei n. 13.105, de 16 de março de 2015. **Diário Oficial da União**, Poder Legislativo, Brasília, DF, 17 mar. 2015. Disponível em: <https://www.planalto.gov.br/ccivil_03/_ato2015-2018/2015/lei/l13105.htm>. Acesso em: 15 mar. 2023.

BRASIL. Lei n. 14.382, de 27 de junho de 2022. **Diário Oficial da União**, Poder Executivo, Brasília, DF, 28 jun. 2022. Disponível em: <http://www.planalto.gov.br/ccivil_03/_ato2019-2022/2022/lei/L14382.htm>. Acesso em: 15 mar. 2023.

BRASIL. Senado Federal. Projeto de Lei do Senado n. 269/2004. Brasília, 2004. Dispõe sobre a aplicação das normas jurídicas. Disponível em: <https://www25.senado.leg.br/web/atividade/materias/-/materia/70201>. Acesso em: 5 mar. 2023.

BRASIL. Superior Tribunal de Justiça. **Enunciados das Súmulas do STJ**. Disponível em: <https://www.stj.jus.br/docs_internet/jurisprudencia/tematica/download/SU/Verbetes/VerbetesSTJ_asc.pdf>. Acesso em: 15 mar. 2023.

BRASIL. Supremo Tribunal Federal. Recurso Extraordinário n. 778.889-PE. Diário da Justiça, Brasília, DF, 10 mar. 2016b. Disponível em: <https://redir.

stf.jus.br/paginadorpub/paginador.jsp?docTP=TP&docID=11338347>. Acesso em: 15 mar. 2023.

BRASIL. Supremo Tribunal Federal. Recurso Extraordinário n. 1.045.273-SE. **Diário da Justiça**, Brasília, DF, 9 abr. 2021b. Disponível em: <https://redir.stf.jus.br/paginadorpub/paginador.jsp?docTP=TP&docID=755543251>. Acesso em: 15 mar. 2023.

BRASILEIRA e alemão se casam sem nunca terem se visto pessoalmente. **GShow**, 21 ago. 2020. Disponível em: <https://gshow.globo.com/programas/encontro-com-fatima-bernardes/noticia/brasileira-e-alemao-se-casam-sem-nunca-se-terem-visto-pessoalmente.ghtml>. Acesso em: 15 mar. 2023.

BUGAI, F. de A. Sobre sistemas privativos de liberdade na América Latina: por uma perspectiva feminista e decolonial. In: LIMA, J. C. (Org.). **Entre pontos**: educação, decolinalidade e diálogos sobre educação, decolonialidade e América Latina. Guarapuava: Jeffreson Cavalcanti Lima, 2021. p. 15-35.

CNJ – Conselho Nacional de Justiça. **Convenção da Apostila da Haia**. Disponível em: <https://www.cnj.jus.br/poder-judiciario/relacoes-internacionais/apostila-da-haia/>. Acesso em: 15 mar. 2023.

CORINO, L. C. P. Homoerotismo na Grécia antiga: homossexualidade e bissexualidade, mitos e verdades. **Biblos – Revista do Instituto de Ciências Humanas e da Informação**, Rio Grande, v. 19, p. 19-24, 2006. Disponível em: <https://periodicos.furg.br/biblos/article/view/249>. Acesso em: 15 mar. 2023.

COULANGES, F. de. **A cidade antiga**. São Paulo: M. Claret, 2009.

DIAS, M. B. **Manual de direito das famílias**. 14. ed. Salvador: JusPodivm, 2021.

DOLINGER, J.; TIBURCIO, C. **Direito internacional privado**. 15. ed. Rio de Janeiro: Forense, 2020.

ENGELS, F. **A origem da família, da propriedade privada e do Estado**. 6. ed. Rio de Janeiro: BestBolso, 2020.

FARIAS, C. C. de; ROSENVALD, N. **Curso de direito civil**: famílias. 13. ed. Salvador: JusPodivm, 2021.

FARIAS, V. Número de feminicídios cai 1,7% em 2021, mas outras violências contra mulheres crescem, mostra Anuário. **G1 São Paulo**, 28 jun. 2022. Disponível em: <https://g1.globo.com/sp/sao-paulo/noticia/2022/06/28/numero-de-feminicidios-cai-17percent-em-2021-mas-outras-violencias-contra-mulheres-crescem-mostra-anuario.ghtml>. Acesso em: 15 mar. 2023.

FIGUEIREDO, S. Dinastia Habsburgo: os traços físicos da família imperial brasileira. **Veja**, 21 maio 2021. Disponível em: <https://veja.abril.com.br/

cultura/dinastia-habsburgo-os-tracos-fisicos-da-familia-imperial-brasileira/>. Acesso em: 15 mar. 2023.

GONÇALVES, C. R. **Direito civil brasileiro**: direito de família. 7. ed. rev. e atual. São Paulo: Saraiva, 2010. v. 6.

IBDFAM – Instituto Brasileiro de Direito de Família. **Enunciados do IBDFAM**. Disponível em: <https://ibdfam.org.br/conheca-o-ibdfam/enunciados-ibdfam>. Acesso em: 15 mar. 2023.

IMP – Instituto Maria da Penha. **Quem é Maria da Penha**. Disponível em: <https://www.institutomariadapenha.org.br/quem-e-maria-da-penha.html>. Acesso em: 15 mar. 2023.

MADALENO, A. C. C.; MADALENO, R. **Alienação parental**: importância da detecção – aspectos legais e processuais. Rio de Janeiro: Forense, 2021.

MARTELLO, A. Brasil teve 105 mil denúncias de violência contra mulher em 2020; pandemia é fator, diz Damares. **G1 Política**, 7 mar. 2021. Disponível em: <https://g1.globo.com/politica/noticia/2021/03/07/brasil-teve-105-mil-denuncias-de-violencia-contra-mulher-em-2020-pandemia-e-fator-diz-damares.ghtml>. Acesso em: 15 mar. 2023.

MASCOTTE, L. União estável homoafetiva. **Jus**, 9 jul. 2009. Disponível em: <https://jus.com.br/artigos/13116/uniao-estavel-homoafetiva>. Acesso em: 15 mar. 2023.

MENINA de 6 anos trocada por cabra: a tragédia do casamento infantil no Afeganistão. **BBC News Brasil**, 28 ago. 2016. Disponível em: <https://www.bbc.com/portuguese/internacional-37053784>. Acesso em: 15 mar. 2023.

NAÇÕES UNIDAS BRASIL. **Os Objetivos de Desenvolvimento Sustentável no Brasil**. Objetivo 5: Igualdade de gênero. Disponível em: <https://brasil.un.org/pt-br/sdgs/5>. Acesso em: 15 mar. 2023.

ONTIVEROS, E. Mutilação genital feminina: o que é e porque ocorre a prática que afeta ao menos 200 milhões de mulheres. **BBC News Brasil**, 6 fev. 2019. Disponível em: <https://www.bbc.com/portuguese/internacional-47136842>. Acesso em: 15 mar. 2023.

PAPA Francisco defende união civil entre homossexuais. **G1**, 21 out. 2020. Disponível em: <https://g1.globo.com/mundo/noticia/2020/10/21/papa-francisco-defende-uniao-civil-entre-homossexuais.ghtml>. Acesso em: 15 mar. 2023.

PEREIRA, C. M. da S. **Instituições de direito civil**: direito de família. 17. ed. Rio de Janeiro: Forense, 2009.

SILVA, G. J. et al. **Refúgio em números**. 5. ed. Brasília, DF: Observatório das Migrações Internacionais; Ministério da Justiça e Segurança Pública;

Comitê Nacional para os Refugiados, 2020. Disponível em: <https://portaldeimigracao.mj.gov.br/images/dados/Ref%C3%BAgio%20em%20n%C3%BAmeros/REF%C3%9AGIO_EM_N%C3%9AMEROS_5%C2%AA_EDI%C3%87%C3%83O.pdf>. Acesso em: 15 mar. 2023.

SOUZA, B. Assassinato no Japão é quase zero. Já violência doméstica... **Exame**, 11 abr. 2014. Disponível em: <https://exame.com/mundo/no-japao-assassinato-e-quase-zero-ja-violencia-domestica/>. Acesso em: 15 mar. 2023.

SOUZA, R. Quase 320 pessoas LGBTI+ morreram por causas violentas no Brasil em 2021, diz entidade. **CNN Brasil**, 17 maio 2022. Disponível em: <https://www.cnnbrasil.com.br/nacional/quase-320-pessoas-lgbti-morreram-no-brasil-em-2021-diz-entidade/>. Acesso em: 15 mar. 2023.

TARTUCE, F. **Manual de direito civil**: volume único. 5. ed. rev., atual. e ampl. Rio de Janeiro: Forense; São Paulo: Método, 2015.

TJDFT – Tribunal de Justiça do Distrito Federal e dos Territórios. Provimento n. 24, de 10 de maio de 2018. **Diário da Justiça**, Brasília, DF, 15 maio 2018. Disponível em: <https://www.tjdft.jus.br/publicacoes/publicacoes-oficiais/provimento-extrajudicial/2018/provimento-24-de-10-05-2018/>. Acesso em: 15 mar. 2023.

TJRS – Tribunal de Justiça do Estado do Rio Grande do Sul. Apelação Cível n. 70082663261. **Diário da Justiça**, Porto Alegre, nov. 2020. Disponível em: <https://www.conjur.com.br/dl/tj-rs-reconhece-uniao-estavel-paralela.pdf>. Acesso em: 15 mar. 2023.

Capítulo 1

Questões para revisão
1. d
2. b
3. c
4. São relações sexuais entre pessoas que são parentes e têm genética semelhante.
5. A família tradicional é aquela formada por um homem, uma mulher e seus filhos. É assim denominada por representar o tipo familiar mais antigo e aceito.

Questões para reflexão
1. Para auxiliar na reflexão, leia a Seção 1.2.
2. Para auxiliar na reflexão, leia a Seção 1.5.

Capítulo 2

Questões para revisão
1. a
2. c

3. d

4. É uma nova espécie familiar, da qual fazem parte os animais de estimação e seus donos.

5. É uma família constituída pelo relacionamento amoroso entre mais de duas pessoas. É muito conhecida pelo termo *trisal*, embora não se limite, obrigatoriamente, ao número de três pessoas.

Questões para reflexão

1. Para auxiliar na reflexão, leia a Seção 2.1.3.
2. Para auxiliar na reflexão, leia a Seção 2.1.2.

Capítulo 3

Questões para revisão

1. c
2. d
3. c
4. O princípio da convivência familiar diz respeito à convivência entre as pessoas em um espaço físico que pode ser denominado *lar*. Muitas vezes, os fatos da vida impossibilitam as pessoas de viverem juntas, e esse "lugar" seria então o porto seguro para os membros da família.
5. O princípio da solidariedade encontra fundamento no art. 3º da Constituição e representa a necessidade de solidariedade recíproca entre cônjuges ou companheiros, seja ela moral, seja ela material.

Questões para reflexão

1. Para auxiliar na reflexão, leia a Seção 3.7.
2. Para auxiliar na reflexão, leia a Seção 3.5.

Capítulo 4

Questões para revisão
1. c
2. a
3. d
4. A formação de projetos em comum, como a criação dos filhos, a aquisição de bens e demais projetos que favoreçam o engrandecimento pessoal dos cônjuges ou companheiros.
5. A lei não prevê consequências, porém, se a conduta resultar em danos para a outra parte, ainda que meramente morais, poderá ser ajuizada ação com o fim de obter indenização.

Questões para reflexão
1. Para auxiliar na reflexão, leia a Seção 4.3.2.
2. Para auxiliar na reflexão, leia a Seção 4.1.1.

Capítulo 5

Questões para revisão
1. c
2. d
3. a
4. A decisão do Supremo Tribunal Federal (STF), proferida no ano de 2011, no julgamento da ADI n. 4.277 e da ADPF n. 132.
5. O contrato de namoro, embora não tenha validade jurídica, poderá servir como prova da intenção das partes de não constituírem família, no caso do ajuizamento de ação judicial.

Questões para reflexão
1. Para auxiliar na reflexão, leia a introdução do capítulo.
2. Para auxiliar na reflexão, leia a introdução do capítulo.

Capítulo 6

Questões para revisão
1. b
2. c
3. b
4. Na comunhão de bens, comunicam-se todos os bens dos cônjuges, mesmo que adquiridos antes da união.
5. É possível. O pedido deve ser feito judicialmente e não pode haver prejuízo a terceiros, na forma do art. 734 do Código de Processo Civil.

Questões para reflexão
1. Para auxiliar na reflexão, leia a introdução do capítulo.
2. Para auxiliar na reflexão, leia a Seção 6.4.

Capítulo 7

Questões para revisão
1. c
2. b
3. d
4. Possibilita aos ex-cônjuges que recomecem sua vida com mais agilidade.
5. É o divórcio realizado pelos brasileiros que estão no exterior, feito no consulado do Brasil.

Questões para reflexão
1. Para auxiliar na reflexão, leia a Seção 7.2.2.
2. Para auxiliar na reflexão, leia a Seção 7.1.

Capítulo 8

Questões para revisão
1. a
2. b
3. d
4. A adoção internacional é possível quando não há pretendentes à adoção residentes no Brasil, considerando-se o perfil de uma criança específica.
5. Porque, nos dias de hoje, os pais têm muito mais deveres do que poderes em relação a seus filhos.

Questões para reflexão
1. Para auxiliar na reflexão, leia a introdução do capítulo.
2. Para auxiliar na reflexão, leia a Seção 8.3.

Capítulo 9

Questões para revisão
1. b
2. c
3. d
4. A alienação parental ocorre quando uma pessoa que tem convívio com determinada criança ou adolescente tenta colocá-lo contra um de seus genitores por meio de interferência psicológica, com o intuito de prejudicar os vínculos existentes.
5. Ele atua como fiscal da ordem jurídica nas demandas que envolvem incapazes; também pode atuar em nome próprio na proteção de direito alheio, quando ingressa em juízo requerendo alimentos em favor de alguém.

Questões para reflexão
1. Para auxiliar na reflexão, leia a introdução do capítulo.
2. Para auxiliar na reflexão, leia a Seção 9.4.

Capítulo 10

Questões para revisão

1. d
2. a
3. d
4. O codicilo é uma espécie de pequeno testamento no qual seu autor apresenta recomendações e desejos a respeito das medidas que deverão ser realizadas após seu falecimento.
5. O legado é um negócio jurídico por meio do qual o autor da herança concede a alguém uma vantagem econômica específica que será usufruída após sua morte. Nele há três sujeitos: o testador (legante), o legatário (beneficiário) e o herdeiro, inventariante ou testamenteiro (quem deve fazer o legado ser cumprido).

Questões para reflexão

1. Para auxiliar na reflexão, leia a Seção 10.9.2.
2. Para auxiliar na reflexão, leia a Seção 10.6.

Jennifer Manfrin dos Santos nasceu em Curitiba, Paraná, onde se formou em Direito no ano de 2011. É especialista em Direito Civil pela Fundação Escola do Ministério Público do Estado do Paraná (Fempar) e em Direito Aplicado pela Escola da Magistratura do Paraná (Emap). Atuou na assessoria de magistrados no Tribunal de Justiça do Estado do Paraná por oito anos, período em que trabalhou na Vara de Família, na Vara Cível e na Vara da Fazenda Pública. Atualmente, é advogada, palestrante, professora no Centro Universitário Internacional Uninter, coapresentadora do programa *Vamos Debater Direito*, disponível no Super Canal 13, e autora de diversos artigos de opinião.

Os papéis utilizados neste livro, certificados por instituições ambientais competentes, são recicláveis, provenientes de fontes renováveis e, portanto, um meio responsável e natural de informação e conhecimento.

FSC
www.fsc.org
MISTO
Papel | Apoiando o manejo florestal responsável
FSC® C103535

Impressão: Reproset